जीवन एक आनन्द

जीवन एक आनन्द

अलकनंदा

महेन्द्र गुप्ता

कम्पाईलर और एडीटर

GenNext Publication

भारत में सन् 2023 में प्रकाशित

जेन्नेकस्ट पब्लिकेशन
5, अंसारी रोड, दरियागंज,
नई दिल्ली–110002
ई–मेल: gennextpublication@hotmail.com

Distribution Network
gyanbooks.com
India, USA, Canada, UK, Australia, France

जीवन एक आनन्द

अलकनंदा

कम्पाईलर और एडीटर

ISBN: 978-93-5663-811-2

मुद्रित: ज्ञान प्रेस, दिल्ली

अनुक्रम

मानवता और समाज

प्रस्तावना

प्रिय पाठकगण

सस्नेह नमस्कार!

मुझे आज अत्यंत प्रसन्नता का अनुभव हो रहा है कि मैं आज आप सब के साथ, अपनी अनमोल धरोहर को साझा कर रहा हूँ।

बचपन से ही समाचार पत्र पढ़ने की रूचि रही। घर में भिन्न–भिन्न पत्रिकाएं, समाचार पत्र आते थे। उसमें प्रेरणादायक किस्से–कहानियाँ, पौराणिक व धार्मिक ग्रंथों से ली कोई घटना या किसी विशिष्ट अथवा सामान्य व्यक्ति के अनुभव को साझा किया जाता था। आध्यात्मिक विचारों से ओत–प्रोत ये अनुभव अपने पाठक को जीवात्मा, आत्मा और परमात्मा के स्तर की सोच तक पहुँचा देते हैं। इन लेखों में विभिन्न धर्मों की शिक्षा का सार है।

बहुत ही रोचक व ज्ञानवर्धक लघु कथा के रूप में इन्हें प्रस्तुत किया जाता है और सार के रूप में जीवन के साथ जोड़कर कोई प्रेरणादायक सन्देश दिया जाता है।

मुझे उन्हें पढ़ने में बहुत आनंद आता था। जीवन के अनुभवों का निचोड़ था उनमें। मेरे मन–मस्तिष्क पर उनका बहुत अच्छा प्रभाव पड़ा। इन किस्से–कहानियों ने मेरे जीवन को नई दिशा दी। कितनी ही बार अशांत होते मन को उन्हीं कथाओं ने संभाल लिया, ये ही नहीं निरुत्साहित होने पर भी इन्हीं कथाओं ने फिर से हौंसला दिया। पता ही नहीं चला कि कब वे किस्से–कहानियाँ मेरे जीवन का अभिन्न अंग बन गए और मैं

उनको अपने व्यवहारिक जीवन में उतारता चला गया। ये ऐसे ही मेरे प्रेरणास्रोत बने रहे इसलिए मैंने उनको अपने पास सहेज कर रखना शुरू कर दिया।

इन रचनाओं के अंतर्गत महान व्यक्तियों के द्वारा कहे गए अनमोल वचनों को, उनके नाम के साथ लिखा हुआ होता है। एक–एक सूक्ति में जीवन की सफलता का मंत्र छिपा है। इन विचारों को मात्र समझने भर से हम अपने अन्दर आत्मविश्वास का अनुभव कर लेते हैं और हर परिस्थिति में सफलता प्राप्त करने के लिए कर्मठ रहते हैं।

आज आप सब पाठकों के समक्ष, मैं ऐसे ही किस्से–कहानियों व अनमोल विचारों का संग्रह लेकर आया हूँ। बरसों पहले कही गयी ये बातें, आज के समय में भी उतनी ही प्रासंगिक व मूल्यवान हैं। आज के समाज में, फिर से जीवन का उत्तम संचार करने के लिए बहुत जरुरी है कि आज की युवा पीढ़ी इन विचारों से अवगत हो। ये विचार न केवल उनमें सकारात्मक ऊर्जा, मानवीय मूल्य, धर्म के प्रति आस्था–विश्वास को जागृत करेंगे, साथ ही जीवात्मा और परमात्मा की समझ व आध्यात्मिक गुणों का भी संचार करेंगें। वे समझेंगे कि मनुष्य की तृष्णा का कहीं अंत नहीं होता, अच्छे विचारों के बीज बोकर ही हम इस सांसारिक मोह–माया के जाल से मुक्त हो सकते हैं। व्यर्थ की चिंता न करके, अपने पर यकीन रखें तो आप देखेंगे कि संकट भी कैसे आपके लिए सुअवसर बन जाता है। परिस्थितियों के अनुकूल होकर ही हम उस ईश्वर की शक्ति को प्रकृति के कण–कण में महसूस कर सकते हैं।

मुझे पूरा विश्वास है कि आज की युवा पीढ़ी इससे अवश्य प्रेरणा लेगी और स्वार्थ की भावना से हट कर परहित व मानव कल्याण के लिए प्रयासरत होगी।

मैं आभारी हूँ उनका जिन्होंने अपने समाचार पत्रों एवं पत्रिकाओं एवं पुस्तकों के माध्यम से, हमें इन महान विचारों से अवगत कराया और हमें हर परिस्थिति में आगे बढ़ने व सफलता प्राप्त करने का सिद्धि मंत्र सिखाया।

इस अथाह ज्ञान को मैं पुस्तक के रूप में आप सब तक पहुँचा रहा हूँ, आप सब तक पहुँचाने का उद्देश्य बस यही है कि आप भी अपने जीवन में इन अनमोल विचारों से लाभान्वित हो सकें। **यह पुस्तक आप सबके लिए निःशुल्क है।** आशा है कि आप सबको मेरा ये संग्रह पसंद आएगा।

आप सबके बहुमूल्य सुझावों का इंतजार रहेगा।

आपका साथी

18.05.2022

महेन्द्र गुप्ता
डी–7, अशोक विहार,
फेस–1, दिल्ली 110052
फोनः 9810455222

मानवता और समाज

1. जीवन की सार्थकता: एक दिन राजा विक्रमादित्य अपने गुरु के दर्शन करने उनके आश्रम पहुँचे। वहाँ उन्होंने गुरु से कहा, 'गुरु जी, मुझे कोई ऐसा प्रेरक वाक्य बताइए जो महामंत्र बनकर न केवल मेरा बल्कि मेरे उत्तराधिकारियों का भी मार्गदर्शन करता रहे।' गुरुजी ने उन्हें एक श्लोक लिखकर दिया जिसका आशय यह था– मनुष्य को दिन व्यतीत हो जाने के बाद कुछ समय निकालकर यह पढ़ने चिंतन अवश्य करना चाहिए कि आज का मेरा पूरा दिन पशुवत गुजरा या सत्कर्म करते हुए बीता। क्योंकि बिना कार्य, समाजसेवा, परोपकार आदि के तो पशु भी अपना गुजारा प्रतिदिन करते हैं, जबकि मनुष्य का कर्तव्य तो अपने जीवन को सार्थक करना है।' इस श्लोक का राजा विक्रमादित्य पर इतना असर पड़ा कि उन्होंने इसे अपने सिंहासन पर अंकित करवा दिया। अब वह रोज रात को यह विचार करते कि उनका दिन अच्छे काम में बीतता या नहीं। एक दिन अति व्यस्तता के कारण व किसी की मदद अथवा परोपकार का कार्य नहीं कर पाए। रात को सोते समय दिन के कामों को स्मरण करने पर उन्हें याद आया कि आज उनके हाथ से कोई सद्कार्य नहीं हो पाया। वह बेचैन हो उठे। उन्होंने सोने की कोशिश की पर उन्हें नींद नहीं आई। वह उठकर बाहर निकल गए। रास्ते में उन्होंने देखा कि एक गरीब आदमी ठंड में सिकुड़ता हुआ पड़ा है। उन्होंने उसे अपना दुशाला ओढ़ाया और फिर राजमहल में लौट आए। अब उन्हें इस बात का अहसास हुआ कि आज का दिन अच्छा बीता। उन्होंने सोचा कि यदि प्रत्येक व्यक्ति नेक कार्य व परोपकार को अपनी दिनचर्या में शामिल कर ले तो उसका जीवन सार्थक हो जाएगा।

2. अहिंसा का पहला पाठः गांधी जी उन दिनों हाईस्कूल में पढ़ रहे थे। वह गलत लड़कों की संगत में पड़ गए। इस संगत का असर उनकी जीवन शैली पर भी पड़ने लगा। वे उन लड़कों के साथ धूम्रपान करने लगे। मांसाहार भी उन्होंने शुरू कर दिया। इन व्यसनों को पूरा करने के लिए एक–दो बार अपने ही घर में चोरी के बाद आत्मग्लानि में जीवन से उकताकर आत्महत्या का विचार करने लगे। वह बराबर यह महसूस कर रहे थे कि वे गलत राह पर हैं। उन्होंने तय किया और उस राह से बाहर आने का प्रयास शुरू किया। अब वे अपनी इन कमियों को त्यागना चाहते थे। अतः उन्होंने अपनी गलतियों को स्वीकारने का एक तरीका निकाला। उन्होंने अपनी सभी गलतियों को ईमानदारी से एक पत्र में विस्तारपूर्वक लिखा और उसे अपने पिताजी के हाथ में थमा दिया। वह उन दिनों बड़े अस्वस्थ चल रहे थे। पिताजी अपने पुत्र के लिखे उस पत्र को पढ़ते जा रहे थे और उनकी आँखें नम होती जा रही थीं। पूरा पत्र पढ़ने के बाद उन्होंने पत्र के टुकड़े–टुकड़े कर दिए और उनकी आँखों से आँसू बहने लगे। गांधी जी भी अपने पिता के समक्ष खूब रोए। पिता के प्रेम से भरे उन आँसुओं ने गांधी को ऐसा भिगोया कि वे खुद भी रो रहे थे और ऐसा महसूस कर रहे थे जैसे पिता और उनके आँसू मिलकर उनकी आत्मग्लानि को धोते जा रहे हैं। वह खुद को शुद्ध महसूस करते जा रहे थे। लगा जैसे उन आँसुओं से उनके सभी अपराध धुल गए। गांधी के लिए अपने जीवन में यह अहिंसा का यह पहला पाठ था जो उनके पिता ने उन्हें पढ़ाया।

3. सबसे उत्तम जलः एक समय महात्मा बुद्ध राजगृह में थे। जनसमूह को नित्य प्रवचन देने के उपरांत वह सायंकाल अपने शिष्यों के साथ बैठकर विभिन्न विषयों पर वार्तालाप किया करते थे। ऐसा करने से शिष्यों का तो ज्ञानवर्धन होता ही था, बुद्ध को भी उन सभी का तुलनात्मक बौद्धिक स्तर ज्ञात हो जाता था। एक दिन इसी तरह महात्मा बुद्ध अपने शिष्यों के साथ बैठे किसी विषय पर चर्चा कर रहे थे। अचानक उन्होंने अपने शिष्यों से एक प्रश्न पूछा– 'क्या तुममें से कोई यह बता सकता है कि सबसे उत्तम जल कौन सा है?' एक शिष्य ने तत्काल उत्तर दिया– 'गंगाजल।' बुद्ध ने नकारात्मक मुद्रा में सिर हिलाया। दूसरे शिष्य ने कहा– 'जमीन पर गिरने से पहले का वर्षा का जल सबसे उत्तम होता है।'

बुद्ध उसके उत्तर से भी सहमत नहीं थे। तीसरे शिष्य का विचार था– 'उषा काल की किरणों में चमकता ओस जल सबसे उत्तम होगा।' बुद्ध इस बार भी संतुष्ट नहीं हो पाए। चौथे शिष्य की दृष्टि में बिछुड़े बेटे से मिलने पर माँ की आँखों में आया अश्रुजल सबसे उत्तम जल था तो पाँचवें शिष्य के अनुसार फरेब से इकट्ठा किए धन को देखकर मरणासन्न धनी की आँखों से पश्चाताप स्वरूप निकलने वाले आँसू से बेहतर कोई जल न था। बुद्ध फिर बोले– 'नहीं, इससे कहीं अधिक वंदनीय व पवित्र जल भी है। काफी देर से मौन बैठे शिष्य आनंद ने कहा– 'सर्दी, गर्मी और वर्षा में रात–दिन कठोर परिश्रम कर हमारे लिए अन्न पैदा करने वाले किसान. का श्रम जल सबसे उत्तम है।' यह उत्तर सुनकर बुद्ध पर संतुष्टि की आभा फैल गई। उन्होंने प्रसन्न होकर आनंद को अपना विशेष आशीष दिया।'

4. प्रेरक जीवनः एक किशोर ने 14 साल की उम्र में ही अपने माता–पिता को पत्र लिखा और बताया कि वह भविष्य में इंजीनियर बनना चाहता है। जर्मनी में पढ़ाई पूरी करने के बाद उसका अधिकांश समय अविष्कारों के लिए शोध और नए–नए प्रयोगों के बीच ही निकलने लगा। काम के प्रति उसका समर्पण देखकर हर कोई चकित था। एक दिन जब वह अपनी वर्कशॉप में प्रयोग कर रहा था, अचानक उसके इंजन में बहुत जोरदार विस्फोट हुआ। इस विस्फोट से उसकी वर्कशॉप बुरी तरह क्षतिग्रस्त हो गयी। कई महत्वपूर्ण चीजें जलकर खाक हो गईं। वह खुद भी बुरी तरह घायल था। उसे लंबे समय तक उपचार के लिए अस्पताल में रुकना पड़ा। इतने बड़े हादसे के बावजूद वह डरा नहीं। न तो उसने हिम्मत छोड़ी और न ही मायूसी और निराशा को अपने करीब फटकने दिया। स्वस्थ होने के बाद वह फिर अपने वर्कशॉप जा पहुँचा। इतने बड़े हादसे के बावजूद उसके चेहरे पर किसी प्रकार का अफसोस या शिकन नहीं थी। वह पूरे उत्साह के साथ नए सिरे से अपने काम में जुट गया। लोग उसके इस जुझारु और प्रेरणादायक जज्बे को देखकर हैरान थे। इसके बाद उसने कई सफल आविष्कार किए और कई भाप इंजनों का डिजाइन तैयार किया। उसके आविष्कारों में डीजल इंजन प्रमुख रहा। यह महान इंजीनियर था, रुडोल्फ डीजल। आज का डीजल इंजन रुडोल्फ डीजल के मौलिक सिद्धांत का परिष्कृत और उन्नत संस्करण है। अनेक

अविष्कारों के प्रति इस समर्पित भाव और कभी हार न मानने की प्रवृत्ति के कारण रुडोल्फ डीजल आज भी नई पीढ़ी के लिए एक प्रेरणा बने हुए हैं।

5. उत्साह का चमत्कारः एक महिला कैंसर से बुरी तरह पीड़ित थी। डॉक्टरों ने उसे बता दिया था कि उसके पास जीवन के छह महीने शेष हैं। इस दौरान उसे महंगा इलाज कराना होगा। महिला के पास इलाज के लिए पैसे नहीं थे। जीवन के मात्र छह महीने बाकी देखकर उसने तय किया कि वह एक– एक क्षण का सदुपयोग करेगी। उसने गरीबों और निराश्रितों की सेवा शुरू कर दी। वह सारा दिन गरीब बच्चों के चेहरों पर खुशियाँ लाने का प्रयास करती। उनके साथ हंसती–खेलती। उत्साह में उसके दिन तेजी से बीत रहे थे। एक दिन महिला ने कैंसर पीड़ितों की सेवा हेतु देशवासियों से आर्थिक सहायता की अपील की। उसने जन–जन तक कैंसर पीड़ितों की हालत बयाँ करने के लिए समाचार पत्र, पत्रिकाएं, रेडियो, टेलीविजन आदि का सहारा लिया। लोगों ने तुरंत पैसा देना शुरू भी कर दिया। दो–तीन महीने में ही इतना धन एकत्र हो गया कि उनसे एडंवास तकनीक की तीन–चार मशीनें आ गईं और एक कैंसर अस्पताल का निर्माण भी होने लगा। अपनी सफलता देखकर महिला का उत्साह चरम पर था। महिला इन कार्यों में इतनी व्यस्त रही कि उसे इस बात का ध्यान ही न रहा कि वह खुद कैंसर पीड़ित है। एक साल बाद उसे ध्यान आया कि डॉक्टरों नें तो उसके जीवन के छह माह ही बाकी बताए थे। लेकिन अब वह पहले से अधिक स्वस्थ महसूस कर रही थी। जाँच में पाया गया कि उसका कैंसर गायब था। यह देख डॉक्टर दंग रह गए। महिला मुस्कुरा कर बोली, 'यह कैंसर उत्साह और सेवा भावना से डर कर भाग गया है।' सभी उसकी बात से सहमत थे।

6. त्यागः दो साधु थे, उनमें से एक साधु त्यागी प्रवृत्ति का था। उसके पास फूटी कौड़ी भी नहीं थी। दूसरे साधु की प्रवृत्ति संचय की थी। नदी के पास दोनों ही त्याग और संचय पर तर्क वितर्क कर रहे थे। जिस साधु के पास धन था, उसने मल्लाह को पैसे दिए और दोनों नाव में बैठकर उस पार पहुँच गए। जिस साधु ने पैसा दिया था, वह सन्यासी साधु से बोला– "अब

कभी त्याग का उपदेश नहीं देना। देख लिया पैसा था तो इधर आ गए अन्यथा उधर भूखे प्यासे ही मर जाते।'' त्यागी प्रवृत्तिवाला साधु बोला– ''धन का त्याग करने पर ही हम इधर आ सके। त्याग का उपदेश अवश्य दूँगा।''

7. समर्पणः एक महात्मा अपने शिष्यों के साथ कहीं जा रहे थे। रास्ते में कुछ मजदूर एक मंदिर के निर्माण कार्य में लगे हुए थे। महात्मा ने एक मजदूर से पूछा, ''भाई, यहाँ क्या बन रहा है?'' मजदूर ने झल्लाते हुए कहा, ''आपको दिखाई नहीं देता क्या?'' महात्मा ने एक दूसरे मजदूर से फिर यही सवाल किया। उसने हताश भाव से जवाब दिया, ''बाबा, करना क्या है। किसी तरह पत्थर ढोकर गुजर–बसर कर रहे हैं।'' तभी महात्मा की नजर एक तीसरे मजदूर की ओर गई। वह दौड़ता हुआ काम कर रहा था। उन्होंने उसे रोककर वही सवाल किया, भाई, यहाँ क्या बन रहा है?'' महात्मा की बात सुन वह मजदूर ठहर गया। बोला, ''बाबा, यहाँ एक मंदिर बनाया जा रहा है। आज हमें उसकी छत डालनी है, इसीलिए सभी लोग अफरातफरी में कार्य कर रहे हैं। आप कोई साधु लगते हैं। हमारा अहो भाग्य कि मंदिर बनने से पहले ही हमें साधु के दर्शन हो रहे हैं। पर महाराज, मैं अभी आपकी कोई सेवा न कर पाऊंगा। आज हमें हर हाल में छत का कार्य पूरा करना है। मुझे अपनी जिम्मेदारियाँ पूरी करनी हैं। आप कृपया बुरा न मानिएगा।'' ऐसा कहते हुए वह मजदूर अपनी राह बढ़ गया। महात्मा के शिष्य सब देख–सुन रहे थे। उन्होंने अपने शिष्यों को समझाया, देखो एक ही कार्य को तीन लोग कितने अलग–अलग ढंग से करते हैं। पर सुखी वही रहता है, जो उसे पूरे मन और समर्पण से करता है।

8. धैर्य का फलः चंपानगरी में जिनदत्त और सागरदत्त नाम के दो सार्थवाह रहते थे, दोनों के एक–एक पुत्र था। एक बार दोनों पुत्र नगर के बाहर उद्यान में विहार करने गए, जहाँ एक कुंज में मोरनी ने अंडे दिए थे। सार्थवाह पुत्रों की आहट सुनकर मोरनी डर गई और वहाँ से उड़कर पास के एक वृक्ष पर जा बैठी। बच्चों ने उन अंडों को घर लाकर मुर्गी के अंडों के साथ रख दिया। यह निश्चय करने के लिए कि अंडे में से मोर का बच्चा निकलेगा या नहीं, सागरदत्त का पुत्र अपने वाले अंडे को बार–बार हिलाता–डुलाता और अपने कान में बजाकर देखता। इस प्रकार बार–बार

हिलाने–डुलाने से उसका अंडा निर्जीव हो गया और उसमें से मोर का बच्चा पैदा नहीं हुआ। लेकिन जिनदत्त के पुत्र को विश्वास था कि उसके अंडे में से अवश्य ही मोर का बच्चा पैदा होगा। यह सोचकर न कभी वह उसे हिलाता और न कभी कान में बजाकर देखता। समय बीतने पर जब उसके अंडे में से मोर का बच्चा पैदा हुआ तो जिनदत्त के पुत्र की खुशी का ठिकाना न रहा। उसने मयूर पोषकों को बुलाकर बच्चे को नृत्यकला की शिक्षा देने का आदेश दिया। थोड़े ही समय में मोरनी का वह बच्चा नृत्यकला में कुशल हो गया। कहानी का उपदेश यह है कि धैर्यपूर्वक काम करने से ही हमें सफलता प्राप्त होती है।

9. सद्भावना से दिल जीतोः अमेरिका के राष्ट्रपति अब्राहम लिंकन एक प्रबुद्ध व्यक्ति थे। वे जब घूमने निकलते तो दूसरों से पहले स्वयं उनका अभिवादन करते। एक बार उनके कुछ मित्रों ने उससे कहा, ''आप अमेरिका के राष्ट्रपति हैं। इस तरह हर राह चलते सामान्य व्यक्ति का अभिवादन करना आपके लिए गरिमा की बात नहीं।'' इस पर लिंकन ने उन्हें जवाब दिया कि शिष्टता के मामले में वे किसी से भला क्यों पीछे रहें। मित्रों ने पुनः उन्हें समझाने का प्रयत्न किया, ''देखिए, आप अमेरिका के सर्वोच्च पद पर आसीन हैं। इसीलिए आपसे ईर्ष्या करने वाले कई शत्रु भी होंगे। यही अवसर है जबकि आप उन्हें खत्म कर सकते हैं।'' लिंकन ने कहा, ''उन्हीं को तो खत्म कर रहा हूँ।'' उनके मित्रों को उनकी यह बात समझ नहीं आई। बोले, ''पर अभी तक आपने किसी को फांसी नहीं दी, किसी को जेल में नहीं डाला, फिर कैसे खत्म कर रहे हैं? लिंकन मुस्करा कर बोले, ''मैं अपने शिष्ट व्यवहार से सबका दिल जीत रहा हूँ। कुछ समय बाद मेरे सभी शत्रु मेरे मित्र बन जाएँगे।''

10. बड़ा कौन?: स्वामी रामकृष्ण परमहंस के दो शिष्यों में इस बात पर विवाद छिड़ गया कि उन दोनों में बड़ा (विद्वान) कौन है? वे दोनों स्वयं को दूसरे से बड़ा बता रहे थे। जब स्वामी जी को यह बात मालूम हुई, तो उन्होंने उन दोनों को बुलाया, उनसे पूरी बातें सुनी और फिर कहा, ''इस विवाद का निराकरण तो बहुत सरल है। तुममें से जो दूसरे को बड़ा माने और कहे वही बड़ा है।'' फिर क्या था? दोनों शिष्य अब एक–दूसरे को ही 'बड़ा' कहने और मानने लगे।

11. मददः पं. मोतीलाल नेहरू खूब कमाते थे तो दान भी खूब करते थे। एक दिन एक आदमी उनके पास आया उसने अपनी बेटी के विवाह के लिए मदद माँगी। मोतीलाल जी ने पूछा, 'कुल कितना खर्च होगा?' 'करीबन तीन सौ रुपए।' मोती लाल जी ने मुंशी को बुलाया और कहा, आज जो नकद आमदनी हो, वह इस आदमी को दे देना। 'शाम को नकद आमदनी का मिलान किया गया तो वह तेरह सौ रुपए निकली। आगंतुक की माँग केवल तीन सौ रुपए थी। मुंशी ने मोतीलाल जी से पूछा, "पंडित जी, क्या बाकी रुपए जमा कर दूँ और तीन सौ रूपए इन्हें दे दूँ?" मोतीलाल जी ने कहा, 'नहीं। उसे पूरे तेरह सौ रुपये दो। मैं उसे एक दिन की नकद आमदनी देने की बात कही है, तीन सौ रुपए की नहीं। लड़की की किस्मत से ज्यादा रकम आ गई तो मेरा उसे रखना धर्म नहीं है।'

12. अहंकार का अंतः एक उस्ताद अपने शागिर्दों को पहलवानी सिखाया करते थे। उन्होंने अपने एक प्रिय शागिर्द को लगभग सारे दांव–पेंच सिखा दिए थे। जो भी उस शागिर्द से कुश्ती लड़ता, बुरी तरह पराजित हो जाता। धीरे– धीरे उस शागिर्द की ख्याति दूर–दूर तक फैल गई। वह घमंडी हो गया। एक दिन उसने बादशाह के पास जाकर कहा, 'पूरे मुल्क में मेरे जैसा कोई पहलवान नहीं है।' बादशाह आश्चर्य से बोले, 'कोई भी नहीं?' शागिर्द ने उत्तर दिया, 'नहीं।' तुम्हारे उस्ताद भी नहीं? 'नहीं, वह भी नहीं।' इस पर बादशाह ने कहा, तो फिर तुम उनसे लड़ते क्यों नही? शागिर्द बोला, 'महाराज, एक तो वे मेरे उस्ताद हैं, दूसरे उनकी उम्र काफी है। इसलिए मैं उनका लिहाज करता हूँ।' बादशाह को शागिर्द की बातों में अहंकार की बू आई और उन्होंने शागिर्द व उस्ताद में दंगल की घोषणा करा दी। अगले दिन दंगल के समय एक तरफ जवान शागिर्द था तो दूसरी तरफ वृद्ध उस्ताद। लोग शागिर्द को मन ही मन कोस रहे थे। सभी जानते थे कि उस्ताद एक ही दांव में चारों खाने चित हो जाएगा। देखते ही देखते दोनों आपस में भिड़ गए और लोग सांस रोके उन दोनों को देखते रहे। थोड़ी देर बाद उस्ताद ने जोर की पटकी देकर शागिर्द को अधमरा कर दिया। यह देखकर लोगों ने दाँतों तले उंगली दबा ली और भीड़ में हैरानी व खुशी के भाव उमड़ पड़े। बादशाह भी

अपनी प्रसन्नता व्यक्त करने लगे। इस पर उस्ताद बोले, ''महाराज, इस हार में मेरे शागिर्द का कोई दोष नहीं है। दरअसल आज वाला दांव मैंने इसे सिखाया ही नहीं था, बस आज के लिए बचा कर रखा था।'' यह सुन कर शागिर्द की आँखों में शर्मिंदगी व पश्चाताप के आँसू उमड़ पड़े।

13. टांग की मरम्मतः रॉयल सोसायटी की एक बैठक के समय पोर्टस्मथ स्थान से आये एक पत्र पर अनेक चिकित्सा–विज्ञानियों ने माथापच्ची की, क्योंकि उस पत्र में लिखा था कि मस्तूल के शिखर से गिरने के कारण एक नाविक की टांग टूट गई थी, परंतु 'प्रचुर तारकोल सत' लगाकर पट्टियाँ बांधने पर तीन दिन के अंदर उसकी टांग पहले जैसी हो गई। चिकित्सा विज्ञानी इस घटना को आश्चर्यजनक मान रहे थे, क्योंकि यह संभव नहीं हो सकता, लेकिन पत्र की सूचना के अनुसार ऐसा हो चुका है। इस पर बैठक में वाद–विवाद छिड़ गया। अचानक एक व्यक्ति बैठक में एक पत्र लेकर आया। इसमें लिखा था कि पूर्व पत्र के लेखक अपने पहले पत्र में यह लिखना भूल गया था कि जिस नाविक की टांग प्रचुर तारकोल सत' से जोड़ी गई है वह टांग वास्तव में लकड़ी की टांग थी, न कि हाड़–मांस की थी। इस घटना के बाद लेटिन की एक कहावत– 'कूर सीटू, एन सीट' के आधार पर यह सिद्धांत प्रतिपादित किया गया कि–'किसी घटना के कारणों पर विचार करने से पूर्व इस तथ्य की पुष्टि कर लेनी आवश्यक है कि वास्तव में वह घटना घटित भी हुई है अथवा नहीं?'

14. असंतोषः एक नगर में एक दिन अचानक सोने की गिन्नियाँ गिरने लगीं। अपने–अपने घर के आंगन से सोने की गिन्नियाँ समेट कर वहाँ के लोग अति प्रसन्न हुए और मन ही मन भगवान को शुक्रिया अदा किया। उसी नगर में एक व्यक्ति ऐसा भी था जिसने सोचा कि अपने आँगन में गिरी हुई गिन्नियाँ तो मैं कभी भी बटोर लूँगा। वह घर का दरवाजा बाहर से बंद कर पशुशाला की तरफ दौड़ा। पशुशाला पहुँचने पर उसे एक भी गिन्नी नहीं मिली, क्योंकि वहाँ पर गिन्नियाँ गिरी ही नहीं थी। तब वह वापस घर की तरफ दौड़ा। वहाँ जा कर देखा तो उसके घर का दरवाजा खुला था और किसी ने आंगन से सारी गिन्नियाँ पहले ही बटोर ली थीं। उन्हें कोई दूसरा व्यक्ति ले गया। नगर में सभी मालामाल हो गए

लेकिन वह असंतुष्ट व्यक्ति गरीब का गरीब ही रह गया। ऐसा उसके साथ इसलिए हुआ क्योंकि उसको अपने आँगन में पड़ी गिन्नियों से संतोष नहीं हुआ था और मन का लोभ उसे पशुशाला की तरफ ले गया था। लालची व्यक्ति का सदैव यही हाल होता है। इसलिए मनुष्य को जितना मिले उसी से खुश रहना चाहिए।

15. प्रोत्साहनः महाभारत का युद्ध हो रहा था। एक ओर अर्जुन थे, जिनके सारथी थे कृष्ण। दूसरी ओर थे कर्ण और उनके सारथी शल्य। कृष्ण ने कर्ण के सारथी से कहा, 'तुम हमारे विरुद्ध जरूर लड़ना, पर मेरी एक बात मानना। जब भी कर्ण प्रहार करें तब सिर्फ इतना कहना कि यह भी कोई प्रहार होता है, तुम प्रहार करना जानते ही नहीं। बस इन वाक्यों को दोहराते रहना।' सारथी शल्य ने कृष्ण की बात स्वीकार कर ली युद्ध आरंभ हुआ। कर्ण के प्रत्येक प्रहार पर शल्य कहता, 'यह भी कोई प्रहार है? तुम प्रहार करना जानते ही नहीं।' उधर अर्जुन के प्रत्येक प्रहार पर कृष्ण कहते, 'वाह, कैसा प्रहार किया है! वाह, क्या निशाना साधा है।' प्रत्येक बार कर्ण हतोत्साहित होते। उनकी इस मनःस्थिति से दुर्योधन का बल क्षीण हो गया। उसकी शक्ति टूट गई वह शक्तिहीन हो गया। अर्जुन की शक्ति बढ़ती गई और पांडव पहले से अधिक शक्तिशाली हो गए। प्रोत्साहन मन के लिए अमृत है, जबकि हतोत्साहित मन पराजय की पहली सीढ़ी है।

16. सही चिंतनः प्रसिद्ध संत मंसूर अपने साथियों के साथ एक बार कहीं जा रहे थे। अचानक उनके पाँव में एक पत्थर से ठोकर लग गई। पाँव से खून बहने लगा। उन्होंने पट्टी बाँध ली और ईश्वर को ऊपर हाथ उठा कर धन्यवाद दिया। साथियों को बड़ा आश्चर्य हुआ कि कष्ट मिलने पर भी आप धन्यवाद दे रहे हैं। आखिर ऐसा क्यों? मंसूर ने कहा–'ईश्वर सदा अपने भक्तों की भलाई ही करता है। मुझे किसी कर्मफल से बहुत बड़ी चोट लगने वाली थी। उसे इस छोटी सी चोट के रूप में बदलकर सचमुच उसने मुझ पर उपकार ही तो किया है। इस मेहरबानी के लिए उसे धन्यवाद तो कहना ही है।' अगर चिंतन सही है तो मनुष्य मुसीबतों में भी प्रसन्नता के आधार ढूँढ़ सकता है।

17. रणजीत सिंह का पुरस्कारः पंजाब के महाराजा रणजीत सिंह अपने सैनिकों के साथ जा रहे थे। वे बातों में व्यस्त थे कि कहीं से एक पत्थर आया और बहुत जोर से उनके माथे पर लगा। सैनिक तुरंत उस स्थान की ओर गए जहाँ से पत्थर आया था। थोड़ी देर में सैनिक एक बुढ़िया और उसके बेटे को पकड़ कर महाराजा के सामने ले आए। बुढ़िया जोर–जोर से रोते हुए अपने बेटे को छोड़ने की दुहाई दे रही थी। महाराजा ने उससे पूछा–'क्या बात है?' बुढ़िया बोली, 'महाराज मेरे बेटे और मैंने तीन दिन से भोजन नहीं किया है। यहाँ आम का पेड़ देखा तो सोचा कुछ आम ही तोड़कर खा लें। मेरे बेटे ने पहला पत्थर पेड़ की तरफ फेंका तो सैनिक आ गए और मेरे बेटे को यह आरोप लगाकर गिरफ्तार कर लिया कि उसने आपको चोट पहुँचाई है। महाराज पत्थर भूल से आपको लगा है। मेरी या मेरे बेटे की आपको चोट पहुँचाने की कोई मंशा नहीं थी।' महाराजा कुछ सोचकर बोले तुम्हारे बेटे ने गलती से ही सही, पत्थर तो मारा है। इसलिए उसे ऐसे ही नहीं छोड़ा जाएगा। सैनिकों को अपने पास बुलाकर उन्होंने कुछ कहा। यह देखकर बुढ़िया और उसका बेटा थर–थर काँपने लगे। तभी सैनिकों ने उसके बेटे को छोड़ते हुए उसके हाथ में पाँच हजार रुपए थमा दिए। बुढ़िया आश्चर्यचकित रह गई। महाराजा बोले, 'जब वृक्ष पत्थर लगने पर मीठे फल दे सकता है तो मनुष्य होते हुए मैं तुम्हें खाली हाथ कैसे लौटा सकता हूँ?'

18. अहंकारः एक व्यक्ति ने एक बकरी और एक मैना पाल रखी थी। रोज सुबह जब मैना गाती तो वह प्रसन्न हो उठता, परंतु बकरी जब मैं–मैं करती तो उसे अच्छा नहीं लगता। उसने संत कबीर साहब से पूछ लिया– 'महात्मा जी! मैना गाती है तो उसका स्वर इतना मीठा क्यों लगता है? जबकि बकरी की मैं–मैं सुनकर सभी नाक–भों सिकोड़ते हैं।' कबीर साहब ने उत्तर दिया– 'मैंना का स्वर इसलिए मीठा लगता है, क्योंकि मैंना, मैंना अर्थात 'मैं नहीं!' कहती रहती है। बकरी का स्वर मीठा लग ही नहीं सकता, क्योंकि मैं–मैं का अर्थ होता है 'अहंकार' और अहंकारी हमेशा ही बुरा प्रतीत होता है।'

19. गृहस्थीः ऋषि जनक के आध्यात्मिक उपदेश से सभासद गण बड़े प्रभावित हुए। सभी ने धर्म व उनके धार्मिक जीवन की भूरि–भूरि

प्रशंसा की। इतने में एक सभासद बोले, 'राजन! धर्म में आपकी आस्था अनुकरणीय है। चाहता तो मैं भी बहुत हूँ, लेकिन गृहस्थी ने कुछ इस तरह से बाँध रखा है कि धर्म कार्य के लिए समय ही नहीं निकाल पाता। यह सुनकर दो चार अन्य सभासदों ने भी इस समस्या का समर्थन किया जनक उनकी बातें चुपचाप सुनते रहे और मुस्कुराते रहे। उन्होंने कोई प्रतिक्रिया नहीं व्यक्त की। इसी तरह बैठे–बैठे काफी समय गुजर गया। सभा का समय समाप्त हो गया। लेकिन राजा जनक अपने आसन से उठे ही नहीं। राजा के उठे बिना सभा विसर्जित नहीं हो सकती थी। उकता कर कुछ सभासदों ने पूछा 'क्या महाराज अभी सभा जारी रखना चाहते हैं?' जनक जी कहने लगे, 'मैं तो उठना चाहता हूँ, किंतु सिंहासन ने मुझे पकड़ रखा है। इसीलिए मैं उठ नहीं पा रहा हूँ। यह सुन सभासद कहने लगे, 'श्रीमान, यह कैसे संभव हो सकता है कि सिंहासन किसी को पकड़ ले।' जनक जी तुरंत बोल उठे, 'तब यह भी कैसे संभव है कि गृहस्थी किसी को पकड़ रखे और उसे धर्म कार्य न करने दे।' सभासदों को अपने प्रश्न का उत्तर मिल गया।

20. कर्म का फलः एक गाँव में जमींदार और उसके एक मजदूर की साथ ही मौत हुई। दोनों यमलोक पहुँचे। धर्मराज ने जमींदार से कहा, "आज से तुम मजदूर की सेवा करोगे। मजदूर से कहा, 'अब तुम कोई काम नहीं करोगे, आराम से यहाँ रहोगे।' जमींदार परेशान हो गया। पृथ्वी पर तो मजदूर जमींदार की सेवा करता था, पर अब उल्टा होने वाला था। जमींदार ने कहा, 'भगवन, आप ने मुझे यह सजा क्यों दी? मैं तो भगवान का परम भक्त हूँ। प्रतिदिन मंदिर जाता था। देसी घी से भगवान की आरती करता था और बहुमूल्य चीजें दान करता था। धर्म के अन्य आयोजन भी मैं करता ही रहता था।' धर्मराज ने मजदूर से पूछा, 'तुम क्या करते थे पृथ्वी पर?' 'मजदूर ने कहा, 'भगवन, मैं गरीब मजदूर था। दिन भर जमींदार के खेत में मेहनत मजदूरी करता था। मजदूरी में उनके यहाँ से जितना मिलता था, उसी में परिवार के साथ गुजारा करता था। मोह माया से दूर जब समय मिलता था तब भगवान को याद कर लेता था। भगवान से कभी कुछ माँगा नहीं। गरीबी के कारण प्रतिदिन मंदिर में आरती तो नहीं कर पाता था, लेकिन जब घर में तेल होता तब मंदिर में

आरती करता था और आरती के बाद दीपक को अंधेरी गली में रख देता था ताकि अंधेरे में आने–जाने वाले लोगों को प्रकाश मिले' धर्मराज ने जमीदार से कहा, ' आपने सुन ली न मजदूर की बात?' भगवान धन–दौलत और अहंकार से खुश नहीं होते। भगवान मेहनत और ईमानदारी से कमाने वाले व्यक्ति से प्रसन्न रहते हैं। यह मजदूर तुम्हारें, खेतों में काम करके खुश रहता था और सच्चे मन से भगवान की आराधना करता था। जबकि तुम आराधना ज्यादा धन पाने के लिए करते थे। तुम मजदूरों से ज्यादा काम लेकर कम मजदूरी देते थे। तुम्हारे इन्हीं कामों के कारण तुम्हें मजदूर का नौकर बनाया गया है ताकि तुम भी एक नौकर के दुःख–दर्द को समझ सको।

21. उस बूढ़े का घड़ाः चीन के दार्शनिक कन्फ्यूशियस की कीर्ति चारों ओर फैली थी। लोग उनसे मिलने दूर–दूर से आते थे। उनसे मिलने की उत्कंठा में एक दिन एक राजा उनके पास पहुँचे। राजा ने कन्फ्यूशियस से वह सवाल पूछा जो उन्हें बहुत दिनों से परेशान कर रहा था। सवाल था– 'क्या कोई ऐसा व्यक्ति भी है, जो महान हो, लेकिन उसे कोई जानता न हो?' सवाल सुनकर कन्फ्यूशियस मुस्कुराए और बोले– हम बहुत से महान लोगों को नहीं जानते। दुनिया में वास्तव में कई ऐसे असाधारण लोग हैं, जो महान मनुष्यों से भी महान हैं।' यह सुनकर राजा आश्चर्य से बोले– 'ऐसा कैसे हो सकता है?' कन्फ्यूशियस ने मुस्कुराते हुए कहा– 'चलिए आपको ऐसे ही एक व्यक्ति से मिलवाते हैं।' कन्फ्यूशियस राजा को लेकर एक गाँव की ओर चल पड़े। काफी दूर चलने के बाद एक बूढ़ा नजर आया, जो एक पेड़ के नीचे घड़े में पानी भरकर बैठा था। गर्मी में लगातार चलने से थक चुके इन दोनों लोगों ने बूढ़े से पानी माँगकर पिया। गर्मी से राहत मिली दोनों की जान में जान आई। राजा ने बूढ़े को देने के लिए पैसे निकाले तो उसने पैसे लेने से इंकार कर दिया। बोला– 'हे राजा। मैं कोई दुकानदार नहीं हूँ। मैं तो लोगों की प्यास बुझाने की एक छोटी सी कोशिश कर रहा हूँ, जो मैं इस उम्र में कर सकता हूँ। मेरा पुत्र चने का व्यवसाय करता है। घर में अकेले बैठकर भी क्या करना, इसलिए यहाँ घड़े में पानी और चने लेकर बैठा हूँ ताकि आने जाने वालों को गर्मी, प्यास और थकान से राहत पहुँचा सकूँ। इसमें मुझे असीम शांति

मिलती है। यह सुनकर कन्फ्यूशियस राजा से बोले– आप समझ ही गए होंगे कि मैं क्या कहना चाहता हूँ। राजा ने भी संतुष्ट होकर सिर हिलाया। कन्फ्यूशियस बोले– व्यक्ति की सोच उसे महान बनाती है। केवल बड़ी–बड़ी बातों से कोई महान नहीं बनता।'

22. कड़वी ककड़ीः हकीम लुकमान बचपन में गुलाम थे। वह अपने मालिक के घर रहकर काम करते थे। एक दिन मालिक ने खाने के लिए एक ककड़ी खरीदी। ककड़ी कड़वी थी तो मुँह में जाते ही, मालिक का मुँह कड़वा हो गया। उसने मजाक में वह ककड़ी लुकमान की ओर बढ़ाते हुए कहा, 'ले, तू यह ककड़ी खा ले। लुकमान ने ककड़ी मुँह में डाली तो उसे भी वह कड़वी लगी, लेकिन उसने बिना कुछ कहे ककड़ी खा ली। मालिक को आश्चर्य हुआ कि उसने लुकमान के मुँह को देखने के लिए मजाक में ककड़ी दी थी पर उसने उसे बड़ी आसानी से कैसे खा लिया? मालिक ने पूछा, 'लुकमान, तूने इतनी कड़वी ककड़ी कैसे खाई?' लुकमान ने जवाब दिया, 'मैं आपके आश्रय में रहता हूँ। आप रोज मुझे खाने को स्वादिष्ट चीजें सुविधाएँ देते हैं।' मैं उन वस्तुओं का उपभोग कर आनंदित होता हूँ। मैंने सोचा, यदि मालिक की इच्छा है, मैं एक दिन ऐसी ककड़ी खाऊँ तो क्यों न प्रसन्नता से ही खाऊँ। बस यही सोचकर मैंने आपकी दी हुई ककड़ी खा ली।' लुकमान का मालिक धार्मिक और समझदार व्यक्ति था, उस पर लुकमान की बात का असर हुआ। वह बोला– 'लुकमान आज तुमने मुझे उपदेश दिया है कि जो परमात्मा हमें जीवन में अनेक सुख देता है, उसकी मर्जी से यदि हमें कोई दुःख भुगतना पड़े, तो उसे प्रसन्नता से ही स्वीकार करना चाहिए। जीवन में अनुभवों को अहोभाव से स्वीकार करना एक अत्यंत महत्वपूर्ण गुण है। इसकी ही बदौलत अनुभवों में छिपे संदेश को ग्रहण करने में सक्षम हुआ जा सकता है। यह हमें परिपक्व बनाता है तथा समत्वभाव को जाग्रत करने में भी सहायक होता है। यह समत्वदृष्टि ही मानव जीवन की सबसे बड़ी उपलब्धि एवं मुक्ति का साधन है। उसने लुकमान को धन्यवाद देते हुए उसे गुलामी से मुक्त कर दिया।

23. विवेक का प्रयोगः जापान के किसी गाँव में एक बूढ़ा समुराई योद्धा रहता था। उसके पास कई लोग समुराई युद्धकला सीखने आते थे। एक बार एक विदेशी योद्धा उसे पराजित करने के लिए आया। वह विदेशी

योद्धा... साहसी था। उसके बारे में यहाँ तक कहा जाता था कि वह जहाँ भी जाता, विजयी होकर ही वापस अपने देश लौटता था। संसार भर में वह जहाँ भी और जिससे भी लड़ा, सबने उसके युद्धकौशल के सामने पराजय ही पाई। जब विदेशी समुराई ने युद्ध करने की इच्छा जताई तो बूढ़े समुराई के शिष्यों ने मुकाबला न करने की प्रार्थना की। लेकिन बूढ़े समुराई ने उनकी नहीं मा्नीं और नियत समय पर युद्ध शुरू हुआ। विदेशी समुराई तरह–तरह से उस बूढ़े समुराई को अपमानित करने लगा। उसने उन्हें गुस्सा दिलाने के सारे प्रयत्न किए, लेकिन घंटों बाद भी उन्हें गुस्सा नहीं आया। यह देखकर विदेशी समुराई ने पैरों से धूल उड़ाकर जमीन पर थूक दिया। इतना सब कुछ हो जाने के बाद भी बूढ़े समुराई ने कुछ न कहा। वह पहले की ही तरह शांत और धीर गंभीर बने रहे। अब उस विदेशी योद्धा को अपनी पराजय का अहसास हुआ और वह अपनी हार मानते हुए चला गया। यह देखकर बूढ़े समुराई के शिष्य हैरान थे उन्होंने पूछा, 'आपका इतना अपमान हुआ फिर भी आप चुप रहे। तब उनके गुरु ने कहा, यदि कोई तुम्हें तोहफा दे और तुम उसे स्वीकार न करो तो वह किसका होगा? शिष्यों ने कहा, तोहफा देने वालों का ही होगा। गुरु बोले, मैंने भी उसकी गालियों को स्वीकार नहीं किया। तो वह उसके पास ही रह गईं। अमूमन हम व्यवहार में कुछ अप्रिय प्रसंगों का सामना करते हैं। ऐसे में अनावश्यक प्रतिक्रिया से बचकर हम अपनी ऊर्जा और समय को बचाकर किसी नेक कार्य में लगा सकते हैं। विवेक के प्रयोग से हम विरोधियों को भी सकारात्मक संदेश देकर उनका ह्रदय परिवर्तन कर सकते हैं।

24. उड़ गई उदासीः प्रसिद्ध सूफी संत रबिया रहमतुल्लाई का जन्म इराक के बसरा नामक नगर में एक अत्यंत गरीब परिवार में हुआ था। रबिया के सिर से उसके माता–पिता का साया बचपन में ही उठ गया था। फलस्वरुप रबिया का बचपन माता– पिता के प्यार से वंचित ही रहा। माता पिता के लाड़–प्यार के अभाव की वजह से रबिया सदा उदास रहती थी। उसके घर के निकट ही एक कुटिया में उच्चकोटि के संत रहते थे। रबिया की उदासी देख संत का ह्रदय द्रवित हो गया। संत ने रबिया से कहा बेटी, 'परमात्मा बड़ा कृपानिधान है, सुबह–शाम इस कुटिया में ईश्वर

की महिमा का सत्संग होता है, दूर–दूर से लोग मन की शांति के लिए सत्संग सुनने आते हैं। तुम भी आ जाया करो, हो सकता है मन की उदासी दूर करने का कोई सूत्र मिल जाए।' अपनी उदासी दूर करने के लिए रबिया भी संत की कुटिया में सत्संग सुनने जाने लगी। वहाँ जाने पर उसके मन को बड़ी शांति मिलती थी। परमपिता परमात्मा के आनंदस्वरुप का वर्णन सुनकर रबिया की उदासी वाष्प बनकर उड़ने लगी। अब वह जीवन निर्वाह के लिए एक साहूकार के घर कामकाज करती और शेष समय ईश्वर की याद में लीन रहती। इस प्रकार दिन बीतते गए और रबिया में सुमिरन, ध्यान और ईश्वर प्रेम में भी दृढ़ता आती गई। रबिया को अपने सांसारिक जीवन में बहुत दारुण कष्ट झेलने पड़े, किंतु उन कष्टों को भी उसने ईश्वर का प्रसाद समझकर सहन किया। रबिया के विचारों में ईश्वर–कृपा से पूर्ण परिवर्तन हो गया। वह प्रार्थना कष्टों की निवृत्ति के लिए नहीं, अपितु ईश्वर की कृपाओं के गुणगान के लिए करती थी। वह प्रार्थना करती, 'हे, मेरे कृपालु प्रभो! तुमने मुझे संसार की विषय–वासनाओं की अग्नि से निकाल कर अपनी पावन भक्त में लगाया। मेरा रोम–रोम तुम्हारा कृतज्ञ है।'

25. उपकार का बदलाः महान विचारक रामतीर्थ किसी परीक्षा की तैयारी कर रहे थे, पर उनके पास परीक्षा शुल्क भरने के लिए पूरे पैसे नहीं थे। उनके बहुत कोशिश करने पर भी पाँच रुपये की कमी रह गई। जब पाँच रुपयों का इंतजाम किसी भी उपाय से न हो सका तो वह मायूस हो गए। उदास मुँह से वह चंदू हलवाई की दुकान के सामने से निकल रहे थे। चंदू हलवाई की उन पर नजर पड़ी। उसने उनका उदास चेहरा देखा तो आवाज लगाई। पास आने पर उनसे उदासी का कारण पूछा। रामतीर्थ ने बताया कि उनके पास परीक्षा फीस भरने के पैसे पूरे नहीं हो रहे, पाँच रुपये कम हैं। चंदू हलवाई ने उसी समय निकालकर पाँच रुपये उन्हें दे दिए। अपनी अद्वितीय प्रतिभा की बदौलत गणित विषय में शत–प्रतिशत अंक पाकर रामतीर्थ गणित के प्रोफेसर बन गए और वे प्रतिमाह पाँच रुपये चंदू हलवाई को भेजने लगे। एक दिन प्रोफेसर रामतीर्थ चंदू हलवाई की दुकान के सामने से निकले। हलवाई ने बड़ी विनम्रता से उन्हें अपने पास बुलाया और कहा, अब आप दूध पीने हमारी दुकान पर नहीं आते। आपके

द्वारा मनीऑर्डर से भेजे गए 35 रुपये मेरे पास जमा हो गए हैं। मुझे प्रतिमाह आपके द्वारा भेजे हुए पाँच रुपए का मनीओर्डर प्राप्त हो रहा है। रामतीर्थ ने उत्तर दिया, यह सब तो आपके उन पाँच रुपयों के बदले में है। यदि वे पाँच रुपये मुझे मौके पर नहीं मिलते तो मैं आज इस स्थिति में कभी नहीं पहुँचता। इसी को हमारी भारतीय वैदिक संस्कृति में सच्ची उदारता कहा जाता है। यदि आप किसी की उदारता के कारण अच्छी स्थिति में पहुँच जाते हैं तो उसके उपकार का बदला चुका कर भी उस व्यक्ति के अहसान को कभी विस्मृत नहीं करना चाहिए। हर व्यक्ति को कृतज्ञता का भाव अपने हृदय में सदैव रखना चाहिए।

26. कर्मयोग मानव को श्रेष्ठ बनाता हैः

यस्त्विन्द्रियाणि मनसा नियम्यारभते र्जुन।
कर्मेन्द्रियैः कर्मयोगमसक्तः स विशिष्यते।। 3/7

जो पुरुष मन से इंद्रियों को वश में रखकर अनासक्त भाव से सभी इंद्रियों को कर्मयोग (निष्काम कर्म) में लगाता है, वही श्रेष्ठ है।

जीवन को आनंदमय करने का सरल उपाय है– संसार के प्रति अपनी आसक्ति को कम करते जाना। जब वह इस भाव से कार्य करते हैं तो वह कर्मयोग कहलाता है और आसक्ति से करते हैं तो वह कर्मभोग होता है। कर्मयोग में हम कर्म करते हुए अपनी चेतना से जुड़े रहते हैं। इसके लिए अपने मन में थोड़ा भाव बदलना होता है कि मेरे द्वारा किए गए सभी कार्य प्रभु की सेवा है। मेरा अपना कोई स्वार्थ नहीं, जो कार्य सामने आता है, वह करता हूं! इंद्रियों से कार्य लेता हूँ, मन में उसका चिंतन नहीं करता।

असल में इंद्रियों की विषयों से आसक्ति नहीं होती, इंद्रियाँ तो माध्यम है। आसक्ति तो मन से होती है और मन उसको पूरा करने' के लिए इंद्रियों का सहारा लेता है। इंद्रियो को वश में करने के लिए मन को काबू में किया जाता है।

मन के नियंत्रण में होने से इंद्रियाँ स्वयं काबू में आ जाती हैं। जैसै शुगर की बीमारी में व्यक्ति मन से जीभ को काबू कर मीठा नहीं खाता, वैसे ही सभी इंद्रियों को मन से वश में कर लिया जाता है!

क्या करते हैं हमेशा खुश रहने वाले

1. खुश रहने वाले अजनबियों को भी नजरअंदाज नहीं करते।
2. वे किसी को कुछ इसलिए नहीं देते कि उन्हें उनसे कुछ चाहिए।
3. वे खुद पर अविश्वास नहीं करते।
4. केवल दिमाग से ही नहीं, दिल से भी सोचते हैं।
5. किसी भी बात को पर्सनली नहीं लेते।
6. किसी को माफी देने से मना नहीं करते।
7. किसी विवाद को सुलझाने के लिए हाथापाई का सहारा नहीं लेते।
8. किसी को बदलने की कोशिश नहीं करते और जो जैसा है, उसे वैसा ही स्वीकार करते हैं।
9. कुछ ऐसा करने में भी असहजता महसूस नहीं करते, जो पसंद न हो।
10. अपने भीतर की आवाज सुनते हैं।
11. किसी भी बदलाव को खुशी से स्वीकार करते हैं।
12. दूसरे उनके बारे में क्या सोचते हैं, इसे बहुत ज्यादा महत्व नहीं देते।
13. खुश रहने के लिए बाहर की तरफ नहीं देखते। खुद में ही खुशी ढूंढते हैं।
14. अपने सपनों और इच्छाओं को नजरअंदाज नहीं करते।
15. ऐसा कभी नहीं सोचते कि वे टूट चुके हैं।
16. किसी को लेकर जजमेंटल नहीं होते।
17. उनका लहजा कभी शिकायती नहीं होता।
18. रिस्क लेने से नहीं घबराते।

27. प्यार हो, प्यार का विस्तार हो: खूबसूरत शख्सियत रखने वाला नौजवान, हरदिल अजीज, शहीद भगत सिंह भी कभी प्रेम करता होगा, ऐसा कोई सोच भी नहीं सकता। भगत का नाम लेते ही हमारे दिमाग में उनका क्रांतिकारी रूप सामने आता है और हम यह मान लेते हैं कि एक क्रांतिकारी का तो प्रेम या नारी से कोई वास्ता होना ही नहीं चाहिए।

दरअसल, ऐसा नहीं है। भगत सिंह एक खुशमिजाज, जिंदादिल और मस्त इंसान थे, हमेशा गुनगुनाने वाले। वह नौजवान अगर फांसी पर न चढ़ा होता तो एक संवदेनशील साहित्यकार, एक सुरीला गायक और दार्शनिक होता। उनके बैठने–उठने, खाने–पीने, पहनने– ओढ़ने तक में एक करीना था। उन्हें आतकंवादी, डकैत और फासिस्ट कहने वाले ध्यान दें कि डकैती को वह पसंद नहीं करते थे, चाहे उसका मकसद देश सेवा ही क्यों न हो! जिनके घर डाका पड़ा है, उनके निर्दोष मन की बेचैनी को वह महसूस करते थे। जब योगेश चन्द्र चटर्जी उन्हें अपने साथ डकैती में ले गए थे, तो उन्हें इतनी बेचैनी हुई कि उन्हें उलटी हो गई थी। नैशनल कॉलेज में पढ़ते समय एक सुंदर सी लड़की आते–जाते भगत सिंह को देखकर मुस्करा देती थी। सिर्फ भगत सिंह की वजह से वह भी क्रांतिकारी दल में शामिल हो गई थी। जब असेंबली में बम फेंकने की बात दल की मीटिंग में उठाई गई तो "अभी दल को भगत सिंह की बहुत जरूरत है" कहकर दल और आजाद ने उन्हें भेजे जाने की संभावना से इनकार कर दिया। उन दिनों भगत सिंह के सबसे नजदीकी दोस्त थे सुखदेव। उन्होंने ताना मारा कि तुम उस लड़की की वजह से बम फेंकने नहीं जा रहे हो। तुम मरने से डरते हो। तुम उससे प्रेम करते हो। सुखदेव भी वह जब–तब भगत सिंह से नारी, प्रेम, यौवन को लेकर बहस किया करते थे, मगर उनके इस आरोप से भगत सिंह का दिल बेचैन हो उठा उन्होंने दोबारा दल की मीटिंग बुलवाई और जोर देकर अपना नाम रखवाया। 8 अप्रैल 1929 को अंसेंबली में बम फेंकने जाने के पहले उन्होंने सुखदेव को एक अहम खत लिखा, जो नारी, प्रेम, कोमलता और मानवीय संवेदनाओं पर उनके बेहद संतुलित विचारों को दिखाता है।

खत का मज़मून इस तरह है:–

प्रिय सुखदेव,

जब तक तुम्हें यह पत्र मिलेगा, मैं जा चुका होऊंगा, दूर एक मंजिल की ओर। मैं आज बहुत खुश हूँ। जीवन की तमाम खुशियों के होते हुए भी एक बात मेरे मन में चुभती रही कि मेरे अपने भाई ने मुझे गलत समझा और मुझ पर गंभीर आरोप लगाया कमजोर होने का। आज मुझे लगता है कि वह बात कुछ भी नहीं थी, एक गलतफहमी थी। मेरे खुले व्यवहार को

मेरा बातूनीपन समझा गया और मेरी आत्मस्वीकृति को मेरी कमजोरी, लेकिन सच यही है कि मैं कमजोर नहीं हूँ। मैं साफ दिल से विदा लूंगा। तुम खयाल रखना कि कोई कदम जल्दबाजी में नहीं उठे। गंभीरता और शांति से तुम्हें काम को आगे बढ़ाना है। जल्दबाजी में मौका पा लेने की कोशिश न करना। जनता के प्रति तुम्हारा कुछ कर्तव्य है। उसे निभाते हुए काम को सावधानी से करते रहना।

जिस प्रश्न पर हमारी बहस है, उस पर कहना चाहता हूँ कि मैं आशाओं और आकांक्षाओं से भरपूर हूँ और जीवन की आनन्दमयी रंगीनियों से ओत–प्रोत हूँ। जरूरत पड़ने पर मैं सब कुछ कुरबान कर सकता हूँ और यही वास्तविक बलिदान है। ये चीजें कभी इंसान के रास्ते में रुकावट नहीं बन सकतीं। जल्दी ही तुम्हें इसका प्रमाण मिल जाएगा। किसी व्यक्ति के चरित्र के बारे में बातचीत करते हुए एक बात सोचनी चाहिए कि क्या प्यार कभी किसी इंसान के लिए सहायक सिद्ध हुआ है? मैं कहता हूँ, हाँ। मेजिनी के बारे में तुमने पढ़ा होगा। अपनी पहली विद्रोही विफलता, मन को कुचल डालने वाली हार और मरे हुए साथियों की याद को वह बर्दाश्त नहीं कर सकता था। वह पागल हो जाता या आत्महत्या कर लेता, लेकिन अपनी प्रेमिका के एक ही पत्र से वह बेहद मजबूत होकर उभरा। जहाँ तक प्यार के नैतिक स्तर का संबंध है, तो वह सिवाय एक आवेश के कुछ भी नहीं है, लेकिन यह पाशविक वृत्ति नहीं, एक मधुर मानवीय भावना है। प्यार अपने आप में कभी भी पाशविक वृत्ति नहीं हो सकता। प्यार तो इंसान के चरित्र को ऊपर उठाता है। सच्चा प्यार कभी गढ़ा नहीं जा सकता। वह अपने ही रास्ते से आता है, कोई नहीं कह सकता कब?

एक युवक और एक युवती आपस में प्यार कर सकते हैं और अपने प्यार के सहारे आवेगों से ऊपर उठ सकते हैं, अपनी पवित्रता बनाए रख सकते हैं। इंसान में प्यार की गहरी भावना होनी चाहिए, जिसे वह एक ही आदमी में सीमित न कर दे बल्कि विश्वमय रखे। मैं यह सब इसलिए लिख रहा हूँ क्योंकि मैं अपना दिल साफ करना चाहता हूँ। तुम्हारे सुखी जीवन की कामना सहित

... तुम्हारा भाई,

भगत सिंह

28. पीड़ा से मिलता है सबकः पीड़ा को पूर्व जन्म के कर्मों का फल माना जाता है। कई बार आपके मन में ख्याल आता होगा कि कर्म का यह पहिया इस धरती पर बस एक जन्म तक ही सीमित रह जाए तो कैसा हो? फिर एक ख्याल यह भी आता होगा कि, क्या इस बात की गारंटी है कि एक ईमानदार और नियम–कायदे से रहने वाला इंसान अपना पूरा जीवन सुखी होकर ही बिताएगा? इसी तरह क्या हर गुनाह के लिए सजा मिलना तय ही है?

सबक पर सवालः– हम अपने बच्चों को सिखाते हैं कि हम जैसा करेगें। वैसा भरेंगे।

हम यही सबक देते है कि तुम या तो खुद को अनुशासित कर लो या परिणाम भोगने के लिए तैयार रहो। इस सबके बावजूद जब हम अपने आसपास देखते हैं तो पाते हैं कि वही लोग फल–फूल रहे हैं जो भ्रष्ट है और लगातार कानून तोड़ रहे हैं।

इतना ही नहीं, सही और साधारण इंसान दुनिया भर की परेशानियों को ढो रहा है। आखिर ऐसा क्यों है? हर इंसान अपने कर्मों से एक जैसी उम्मीद नहीं रखता। देखा जाए तो कुछ हद तक यह बात सही भी है। फिर भी हम में से बहुत से लोग अच्छे कर्मों के बदले गाड़ी, बंगला और कार जैसी चीजों की चाहत रखते हैं। ऐसे में मन में सवाल उठता है कि एक सुखी जीवन के लिए इतनी मेहनत क्यों करनी पड़ती है? हम जब रिश्तों की तरफ देखते हैं तब एक रोचक संयोग पाते हैं। पति या पत्नी के स्वभाव अक्सर बेमेल होते हैं। पत्नी मीठा बोलती है तो पति झगड़ालू होता है, इसका उल्टा भी संभव है। इस नियम के कुछ अपवाद भी हो सकते हैं लेकिन मोटे तौर पर यह सही ही जान पड़ता है। इन सब बातों पर ज्ञानियों का अलग तर्क और विश्लेषण है। उनका कहना है कि सोने जैसी कीमती धातु को अपने असली स्वरूप में आने के लिए कई कठिन परीक्षाओं से गुजरना पड़ता है। और अगर सोने से गहना बनाना है तो उसे हथौड़े की कई चोटें भी सहनी पड़ती है। मतलब साफ है कि बुरा वक्त आपके चरित्र की सफाई करता है। मुश्किलें हमारे असली चरित्र को सामने लाती हैं और हमें सभी उथली भावनाओं से आजाद कराती हैं। परेशानियों से मुकाबला करके हम एक बेहतर, गहरे और आध्यात्मिक

इंसान की तरह उभरते हैं। इन दलीलों से भी हमारे शुरुआती सवालों का पुख्ता जवाब मिलता नहीं दिखता, बस कुछ और सवाल जरूर खड़े हो जाते हैं जैसे – आराम के माहौल में रहने वाला एक खुश इंसान ही प्यार करके और अच्छा हो सकता है क्योंकि अधिक पीड़ा या दर्द तो हमें और भी रूखा और दब्बू बना देगा। ऐसे वक्त में हमें हेलेन केलर के उदाहरण को याद करना चाहिए। अपनी इच्छा शक्ति और संघर्ष से उन्होंने सिद्ध किया कि दिमाग शरीर से ऊपर है और आत्मा का स्थान दिमाग से ऊपर है। केलर अंधी और बहरी थीं, लेकिन उन्होंने आम लोगों के साथ ग्रेजुएशन की परीक्षा पास की और आगे चल कर अपने वक्त की मशहूर विचारक और लेखिका बनीं। यह उन मुश्किलों का परिणाम ही था, जिनको उन्होंने हिम्मत से पार किया। अगर हमें पीड़ा और उससे जुड़े सबक को जानना है तो लगातार ज्ञानी और जीवन में एक अध्यात्मिक मुकाम हासिल कर चुके लोगों से मिलते रहना पड़ेगा। उनके जीवन की घटनाएं, ही हमें सही मायने में रास्ता दिखा सकेंगी।

29. रास्ते होते नहीं कोई न कोई उसे बनाता है: बिल गेट्स ने अपनी टीचर से–एक बार कहा था कि वह 30 साल की उम्र तक करोड़पति बन जाएँगे। बिल 31 साल की उम्र तक अरबपति बन गए। अगले 17 साल तक वह दुनिया के सबसे अमीर व्यक्ति बने रहे। माइक्रोसॉफ्ट के संस्थापक और बिल एंड मेलिंडा गेट्स फाउंडेशन के सह अध्यक्ष बिल गेट्स अपनी संस्था के जरिए गरीबी को दूर, करने के अलावा लोगों को सेहत के प्रति सजग कर रहे हैं। बिल गेट्स की कामयाबी के गुर उन्हीं के लफ्जों में अगर आपमें कुछ कर गुजरने की तमन्ना नहीं है, या आपके पास कोई ऐसा लक्ष्य नहीं है, तब तक अपने घर बैठिए, खुद से सवाल कीजिए। अगर आपको जवाब हाँ में मिलता है, तो अपनी योग्यता का आकलन कर अपने काम में जुट जाइए।

आज जो भी रास्ते हैं, वे पहले से नहीं थे। किसी–न–किसी ने उसे बनाया ही है। नए रास्ते बनाने की कोशिश पर हो सकता कि लोग आपको सनकी कहें, पर आप डिगें नहीं और अपने फैसले पर भरोसा रखें। कभी भी अपने सिद्धांत से पीछे न हटें। सिर्फ पैसे कमाने के लिए काम न करें, लोगों की जिंदगी बेहतर बनाने के लिए काम करें। दुनिया तेजी से बदल रही है।

अगर आप आगे की नहीं सोच सकते। तो पिछड़ जाएँगे और आपको संभलने का वक्त भी नहीं मिल पाएगा। आपको खेल में आगे आने के लिए और यहाँ तक कि खेल में बने रहने के लिए आगे कि बातें सोचनी होंगी।

सही लोगों को साथ लें। कोई भी प्रतिभा किसी काम को सही तरीके से तभी अंजाम तभी दे सकती है, जब उसे सही लोगों का साथ मिलता है। किसी भी मसले को सुलझाने के लिए उसे बारीकी से समझना जरूरी है। मुमकिन है वह परेशानी एक झटके में न दूर हो सके, ऐसे में उसे टुकड़ों में हल किया जा सकता है। इस तरीके से बड़ी–से–बड़ी परेशानियों से भी पार पाया जा सकता है।

अपनी हर कामयाबी का जश्न जरूर मनाएं, लेकिन अपनी नाकामयाबी से सबक लेना न भूलें।

30. जीवन एक साहसिक अभियान है जिसमें हर पल स्वयं को गढ़ना है: एक बार एक युवक को अपने व्यापार में काफी नुकसान उठाना पड़ा। उस पर बहुत कर्ज चढ़ गया, तमाम जमीन–जायदाद गिरवी रखनी पड़ी। वह बहुत हताश था। कोई राह नहीं सूझ रही थी। आशा की कोई किरण दिखाई न देती थी। एक दिन वह एक बगीचे में बैठा इसी बात पर विचार कर रहा था, तभी एक सज्जन पहुँचे। चेहरे–मोहरे से वह अमीर लग रहे थे। उन्होंने युवक से चिंता का कारण पूछा तो उसने अपनी सारी कहानी बता दी। सज्जन बोले, चिंता मत करो। मेरा नाम भगवानदास है। मैं तुम्हें नहीं जानता, पर तुम मुझे सच्चे और ईमानदार लग रहे हो। इसलिए मैं तुम्हें पचास लाख का कर्ज देने को तैयार हूँ।

फिर जेब से चेकबुक निकाल कर उन्होंने रकम दर्ज की और उस व्यक्ति को देते हुए बोले, "नौजवान, आज से ठीक एक साल बाद हम ठीक इसी जगह मिलेंगे, तब तुम मेरा कर्ज चुका देना। इतना कहकर वह चले गए। युवक अचंभित था। भगवानदास उस इलाके के सबसे अमीर व्यक्तियों में से एक माने जाते थे। युवक को तो भरोसा ही नहीं हो रहा था कि उसकी सारी मुश्किलें इस तरह से चुटकियों में हल हो गईं। उसके तो पैरों को जैसे पंख लग गए। घर पहुँचकर वह अपने कर्जों का हिसाब लगाने लगा। अचानक उसके मन में एक ख्याल आया। उसने सोचा एक

अपरिचित व्यक्ति ने मुझ पर भरोसा किया, पर मैं खुद पर भरोसा नहीं कर पा रहा हूँ। यह ख्याल. आते ही उसने चेक संभालकर रख लिया। उसने निश्चय कर लिया कि पहले वह अपनी तरफ से पूरी कोशिश करेगा, उसके बाद भी अगर कोई चारा नहीं बचेगा तभी वह भगवानदास का दिया चेक भुनाएगा।

उस दिन के बाद युवक ने खुद को काम में झोंक दिया। उसे बस एक धुन थी कि किसी तरह सारे कर्ज चुकाकर अपनी प्रतिष्ठा फिर से पाएं। उसकी कोशिशें रंग लाने लगी। कारोबार बढ़ा और कर्ज चुकने लगा। साल भर बाद वह पहले से भी अच्छी स्थिति में था। वह एक साल बाद चेक लेकर उसी बगीचे में पहुँच गया जहाँ उसे उन्हीं सज्जन से मिलना था। तभी किसी ने उसे बताया कि वह तो कोई पागल आदमी है और भगवानदास के नाम से सबको ऐसे ही चेक बांटता फिरता है। यह सुनकर वह युवक पहले से भी ज्यादा हैरान रह गया। जिस चेक के बल पर उसने अपना डूबता कारोबार फिर से खड़ा किया, वह तो फर्जी निकला।

हमारे आपके जीवन में ऐसे कई पल आते हैं जब सिवाय निराशा के और कुछ नहीं होता। असंतोष से भरा समय बहुत कुछ सिखा और समझा देता है। निराशा हमें स्वयं का विश्लेषण करने की शक्ति और समझ देती है। विपरीत परिस्थितियों से निकल कर हम समझ जाते हैं कि यह जीवन एक साहस पूर्ण अभियान है जिसमें हर परिस्थिति में स्वयं को गढ़ना है।

31. सादा बर्तनः रब्बी जोशुआ बादशाह के कृपापात्र थे, पर कुरूप थे, एक दिन राजकुमारी भरे दरबार में पूछ बैठी, 'यह कैसी बात है रब्बी? कि ऐसा गजब का विवेक ऐसे कुरूप बर्तन में रखा है।' रब्बी जोशुआ ने बुरा नहीं माना, बल्कि राजकुमारी से सवाल किया, 'आपके पिता जी किस प्रकार के बर्तनों में शराब रखते हैं?' "मिट्टी के बर्तनों में।"

रब्बी ने कहा– 'मामूली आदमी भी शराब मिट्टी के बर्तनों में रखते हैं। बादशाह की शराब तो अधिक सुंदर बर्तनों में रखी जानी चाहिए। राजकुमारी ने सेवकों को आदेश देकर सारी शराब सोने चांदी के पात्रों में भरवा दी। कुछ दिन बाद उसने देखा कि शराब का स्वाद बिगड़ गया है।

रब्बी ने समझाया– राजकुमारी जी, विवेक भी शराब की तरह सादा बर्तन में रहता है।

अंग्रेज बंगाल पर कब्जा करने का प्रयत्न कर रहे थे, किंतु नवाब सिराजुद्दौला की कुशल नीतियों और वीरता के आगे उनकी दाल नहीं गलती थी। बार–बार मुँह की खाने पर अंग्रेजों ने कूटनीति से काम लिया। उन्होंने सिराजुद्दोला के सेनापति मीर जाफर पर डोरे डालने शुरू किए। उन्हें पता लग गया कि मीर जाफर एक कुशल सेनापति तो है, पर लालची भी है। अंग्रेजों ने उसे बंगाल का नवाब बनाने का लालच देकर अपनी ओर मिला लिया। मीर जाफर नवाबी का स्वप्न देखने लगा। इधर अंग्रेजों ने नई तैयारी के साथ बंगाल पर फिर आक्रमण किया। सिराजुद्दोला ने अपने सेनापति मीर जाफर को मोर्चे पर भेजा। नवाब के सिपाही तो बड़ी वीरता से लड़े, किंतु मीर जाफर के विश्वासघात के कारण अंग्रेजों की जीत हो गई और बंगाल पर उनका अधिकार हो गया। युद्ध के बाद मीर जाफर ने जब अंग्रेजों से अपना वचन पूरा करने को कहा तो अंग्रेज सेनापति ने यह कह कर उसे तलवार से मौत के घाट उतार दिया कि जब तू अपने राजा सिराजुद्दोला का न हुआ, तो हमारा क्या होगा।

32. पंखे के पीछे चेहरा: बचपन से ही महादेवी वर्मा के मन में बौद्ध दर्शन और गौतम बुद्ध के प्रति काफी श्रद्धा थी। लंका से एक बौद्ध भिक्षु का आगमन हुआ। महादेवी वर्मा ने उनसे दीक्षा लेने का निश्चय किया। वह वहाँ पहुँच गईं जहाँ बौद्ध भिक्षु ठहरे हुए थे। भिक्षु हाथ में एक पंखा लिए थे। महादेवी को देखते ही उन्होंने पंखे के पीछे अपना मुँह छिपा लिया। महादेवी को बहुत आश्चर्य हुआ। भिक्षु के शिष्य ने महादेवी को बताया "गुरु महाराज स्त्रियों की ओर नहीं देखते। महादेवी समझ गईं कि गुरु महाराज मन के दुर्बल हैं और जो स्वयं दुर्बल है वह दूसरों को शक्तिशाली कैसे बनाएगा? यह सोचकर महादेवी ने भिक्षुणी बनने का विचार त्याग दिया और काव्य साधना में जुट गई।

उस समय महादेवी वर्मा की उम्र मात्र 22 वर्ष थी।

33. सफलता का राज: लोकमान्य बाल गंगाधर तिलक एक सभा में मुख्य अतिथि के रुप में भाषण दे रहे थे। श्रोता मंत्रमुग्ध होकर सुन रहे थे।

भाषण समाप्त होने पर एक श्रोता ने उनसे पूछा "तिलक जी, आप ओजस्वी वक्ता हैं, प्रकाण्ड विद्वान और देशभक्त हैं, आपकी सफलता का राज क्या है?"

तिलक बोले, "निरंतर ग्रन्थों का अध्ययन करता हूँ, राजनीति में होने वाले प्रत्येक परिवर्तन पर नजर रखता हूँ, समयानुसार कार्य करता हूँ, किसी से द्वेष–भाव नहीं रखता और हमेशा तनावमुक्त रहकर शक्ति के अनुसार लगन से काम करता हूँ। यही मेरी सफलता का राज है। कोई भी मनुष्य ऐसा करके सफल हो सकता है।''

34. सही गणना: प्रो प्रशांत चन्द्र महालनवीस, भारत की पंचवर्षीय योजनाओं के जनक हैं वे एक अच्छे गणनाकार भी थे।

ओड़िशा की ब्राह्मणी नदी का जलस्तर अचानक ऊँचा हो गया। उस क्षेत्र में कार्यरत इंजीनियरों का मानना था कि नदी का तल ऊँचा हो जाने के कारण ऐसा हुआ है। अतः बाँध की ऊँचाई भी बढाई जानी चाहिये। लेकिन महालनवीस ने वर्षा संबंधी आंकड़ों के सहारे यह सिद्ध कर दिया कि वर्षा अधिक होने से नदी का जल स्तर ऊँचा हो गया है। अंतः बाँध की ऊँचाई बढ़ाने की आवश्यकता नहीं है।

प्रो. महालनवीस की यह गणना आज भी ठीक मानी जाती है।

35. अवसर: एक प्रदर्शनी में एक विचित्र व्यक्ति का भद्दा सा चित्र लगा था, जिसका चेहरा बालों से ढका होने के कारण दिखाई नहीं दे रहा था। उसके पैरों में पंख लगे थे। दर्शक उसके सामने पल भर के लिए ठिठकते और आगे निकल जाते। लेकिन एक लड़की ने उसे देर तक गौर से देखा फिर चित्रकार से सवाल किया, "यह किसका चित्र है? चित्रकार ने जवाब दिया, "अवसर का?"

"इसका चेहरा क्यों ढका है?" "क्योंकि अवसर का चेहरा हर वक्त छिपा होता है, उसे पहचानना होता है।"

"इसके पैरों में पंख क्यों लगे हैं?" "क्योंकि अवसर समय की तरह उड़ जाता है और फिर कभी नहीं आता।" चित्रकार ने कहा।

36. राजा और चित्रकार: एक राजा के दरबार में एक चित्रकार था। वह अद्भुत चित्र बनाया करता था जिनकी सभी प्रशंसा करते थे। राजा

भी उससे प्रभावित था। एक दिन उसने चित्रकार से पूछा–अच्छा यह बताओ कि कौन सी चीजों के चित्र बनाना कठिन है और ऐसी कौन सी वस्तुएं हैं जिन्हें बड़ी आसानी से बनाया जा सकता है? इस पर चित्रकार बोला– राजन, जो वस्तु हमारी जानी– पहचानी हैं जिन्हें हम रोज देखते हैं, उनका चित्र बनाना कठिन है।

लेकिन अज्ञात चीजें जैसी देवी– देवता, राक्षस भूत–प्रेत के चित्र बड़े आसानी से बनाए जा सकते हैं। इस उत्तर पर राजा हैरत में पड़ गया। उसने कहा–यह तो तुम उलटी बात कर रहे। जो चीज जानी– पहचानी है उनका चित्र बनाना तो आसान होना चाहिए न। चित्रकार ने समझाया– जिन चीजों को लोग अच्छी तरह जानते हैं, उनकी तस्वीर बनाना इसलिए कठिन है कि लोग उनकी कमियों को आसानी से पकड़ सकते हैं। उनके दिमाग में उन वस्तुओं की एक छवि बनी रहती है जिससे वे हमारे चित्रों का मिलान करने लगते हैं। लेकिन जिन चीजों को उन्होंने देखा ही नहीं है उसके बारे में कोई निश्चित छवि वे अपने भीतर नहीं बना पाते हैं। जैसे देवी–देवता आदि की तस्वीरें। वैसी तस्वीरों को एक चित्रकार अपनी कल्पना के सहारे जैसा चाहे वैसा बना सकता है। उन पर लोग आपत्ति नहीं करते। चित्रकार उन्हें जिन रूपों में प्रस्तुत करता है लोग स्वीकार कर लेते हैं। वे उनमें कोई कमी नहीं निकालते। राजा को अपने प्रश्न का उत्तर मिल गया।

37. सच्चा मित्र कौनः एक दिन गुरुकुल के शिष्यों ने सत्संग समागम में अधिष्ठाता से पूछा, "देव! धन, कुटुम्ब और धर्म में से कौन सच्चा सहायक है?" अधिष्ठाता ने सीधा उत्तर न देकर एक कथा सुनाई– एक व्यक्ति था। उसके तीन मित्र थे। एक बहुत प्यारा, दूसरा थोड़ा कम प्यारा और तीसरे से परिचय भर था। एक बार वह किसी मुसीबत में फंस गया। घर से चल पड़ा। सोचा, विपत्ति के समय मित्र ही साथ देते हैं। सबसे प्रिय मित्र के पास गया और उससे सहायता माँगी। देने को कहा। परम प्रिय मित्र ने इंकार कर दिया। वह कहीं जाने के लिए तैयार नहीं था। वह व्यक्ति थोड़ा कम प्यारे दोस्त के पास पहुँचा और वही बात उससे कही। उसने अन्य प्रकार से सहायता करने का तो भरोसा दिलाया, पर राजदरबार तक जाने का खतरा उठाने से इंकार कर दिया। अब तीसरे मित्र की बारी थी। उससे घनिष्ठता तो कम थी, पर

सोचा कि उसे भी परख लें। तीसरे ने मित्रता निभाई राजदरबार तक गया और पूरी सहायता कर के उसे संकट से उबारा। कहानी सुनने के बाद अधिष्ठाता ने कहा, वत्स, धन वह है, जिसे परमप्रिय समझा जाता है, पर वह मरने के बाद एक कदम आगे नहीं ज़ाता कुटुंब वह है, जो यथासंभव सहायता तो करता है, पर उसका सहयोग भी शरीर भर के काम आता है। धर्म ही है, जो इहलोक तथा परलोक में साथ देता है। दुर्गति से बचाता है। चिरस्थायी सुख शांति प्रदान करता है। यद्यपि उसकी उपेक्षा की जाती है, पर. सच्चा मित्र है वही।

38. वह विचित्र गाँवः एक व्यक्ति एक गाँव में गया। वहाँ की श्मशान भूमि से जब वह गुजरा तो एक विचित्र बात देखी वहाँ पत्थर की पट्टियों पर मृतक की आयु लिखी थी। किसी पर छह महीने, तो किसी पर दस वर्ष तो किसी पर इक्कीस वर्ष लिखा था। उसे लगा कि इस गाँव के लोग जरूर अल्पायु होते हैं। जब वह गाँव के भीतर गया तो लोगों ने उसका खूब सत्कार किया। वह वहीं रहने लगा लेकिन उसके भीतर यह डर भी समा गया कि यहाँ रहने पर उसकी भी जल्दी ही मौत हो जाएगी क्योंकि यहाँ लोग कम जीते है।

इसलिए उसने वहाँ से जाने का फैसला किया। जब गाँव वालों को पता चला तो वे दु:खी हुए। उन्हें लगा कि जरूर उन लोगों से कोई गलती हो गई है। जब उस व्यक्ति ने उन्हें अपने "मन की बात बताई तो सब हंस पड़े। उन्होंने–कहा– आप देख नहीं रहे कि हमारे बीच ही साठ से अस्सी साल तक के लोग हैं, फिर आपने कैसे सोच लिया कि यहाँ लोग जल्दी मर जाते हैं। तब उस व्यक्ति ने श्मशान भूमि की पट्टियों के बारे में बताया। इस पर एक गाँववासी ने कहा– हमारे गाँव में एक नियम है। जब कोई व्यक्ति सोने के लिए जाता है तो सबसे पहले वह हिसाब लगाता है कि उसने कितना समय सत्संग में बिताया, कितना अच्छे कार्यों में बिताया। उसे वह डायरी में लिख लेता है। गाँव में किसी भी मरने वाले की वह डायरी निकाली जाती है फिर उसके जीवन के उन सभी घंटों को जोड़ा जाता है। उन घंटों के आधार पर ही उसकी उम्र निकाली जाती है और उसे अंकित किया जाता है। व्यक्ति का जितना समय सत्संग में बीता, वही तो उसका सार्थक समय है। वही उसकी उम्र है।

39. हार या जीतः ओलंपिक में नावों की रेस होने वाली थी। सभी प्रतिद्वंदी अपनी–अपनी जीत के लिए आतुर थे। नियत समय पर प्रतियोगिता शुरू हो गई। सभी एक–दूसरे से आगे बढ़ने के लिए दौड़ पड़े। अचानक एक प्रतियोगी की नाव अटक गई और उसकी जान जोखिम में पड़ गई। पर यह तो प्रतियोगिता थी। सभी प्रतियोगियों पर अपनी–अपनी जीत की धुन सवार थी। वे अपने साथी प्रतियोगी को मुसीबत में देख उसे दरकिनार कर आगे बढ़ते रहे। रेस देख रहे लोग भी समझ नहीं पा रहे थे कि उस तक मदद कैसे पहुँचाई जाए। तभी एक प्रतियोगी लारेंस लेमिएक्स भी वहाँ से गुजरा। वह नौका दौड़ में बहुत कुशल था। उसके जीतने की पूरी उम्मीद थी। लेकिन यह दर्दनाक दृश्य देखकर उसका दिल दहल गया। उसे किसी की जान या जीत, दोनों में से एक के पक्ष में निर्णय लेना था। एक सेकेंड में उसने जीत को महत्व न देकर किसी की जान बचाने का फैसला किया। वह मुसीबत में फंसे प्रतियोगी को देखकर रुक गया। लारेंस लेमिएक्स प्रतियोगी के पास पहुँचा। कुछ देर तक अनेक प्रयासों के बाद वह प्रतियोगी की जान बचाने में कामयाब हो गया। लारेंस नौका दौड़ तो नहीं जीत सका लेकिन उसने लाखों–करोड़ों लोगों का दिल जीत लिया। उसके बाद अनेक देशों के राष्ट्रध्यक्षों ने उसका सम्मान किया क्योंकि उसने केवल जीत की भावना को जीवित न रखते हुए पूरी मानवता की भावना को जीवित रखा था। लारेंस की यह हार उसकी ओलंपिक से भी बड़ी जीत बन कर लोगों के सामने आई।

40. राजा के सवालः एक राजा अपने पास आने वाले सभी लोगों से तीन प्रश्न पूछता। पहला–व्यक्तियों में सर्वश्रेष्ठ कौन है? दूसरा–सर्वोत्तम समय कौन सा है? तीसरा–सवश्रेष्ठ कर्म क्या है? अनेक लोग अपने तरीके से उत्तर देते पर वह संतुष्ट नहीं होता था। एक दिन राजा जंगल में इधर–उधर भटकता हुआ एक कुटिया में पहुँचा। वहाँ एक साधु पौधों में पानी डाल रहा था। राजा पर नजर पड़ते ही साधु अपना काम छोड़कर राजा के लिए ठंडा पानी और फल ले आया। उसी समय एक घायल व्यक्ति वहाँ आ पहुँचा। अब साधु राजा को छोड़कर उस व्यक्ति की सेवा में लग गया। उसने उसके घाव धोये और उस पर जड़ी– बूटी का लेप

किया। जब उस आदमी को थोड़ा आराम मिला तो राजा ने वही तीनों सवाल साधु से पूछे। साधु ने कहा– आपने अभी–अभी मेरा जो व्यवहार देखा, उसी में इन प्रश्नों के उत्तर मौजूद हैं। राजा ने पूछा–'कैसे?' साधु ने समझाया–''जब तुम कुटिया में आए तो मैं पौधों को सींच रहा था जो मेरा कर्त्तव्य था।''

लेकिन तुम आ गए तो मैं अतिथि के स्वागत में लग गया। जब मैं तुम्हारी भूख–प्यास शांत कर रहा था तब यह घायल व्यक्ति आ गया। मैं अतिथि सेवा का कर्त्तव्य त्यागकर इसकी चिकित्सा में लग गया। जो भी तुम्हारी सेवा प्राप्त करने आए, उस समय वही सर्वश्रेष्ठ मनुष्य है। उसकी जो सेवा तुम करते हो वही सर्वोत्तम कर्म है। और कोई भी कार्य करने के लिए वर्तमान ही सर्वोत्तम समय है। उसके अलावा कोई और समय नहीं है। राजा को अपने सवालों का सही जवाब मिल गया। वह साधु को प्रणाम कर चला गया।

41. राजा और अपराधीः बहुत पुरानी कथा है। एक बार एक लड़का अपने पिता के साथ कहीं जा रहा था। तभी उन्हें शोरगुल सुनाई पड़ा। कुछ देर बाद वहाँ का राजा पाँच–छह सिपाहियों के साथ उधर से निकला। जब वह चला गया तो लड़के ने अपने पिता से पूछा–यह कौन जा रहा था? पिता ने उत्तर दिया– यह यहाँ के राजा हैं। थोड़ी देर बाद बालक ने देखा कि एक व्यक्ति को पाँच–छह सिपाही घेरकर चले जा रहे हैं। बालक ने फिर सवाल किया– पिताजी, यह कौन है? पिता ने दिया– यह अपराधी है। इसने जरूर कोई बुरा काम किया होगा। इस पर उस लड़के को काफी आश्चर्य हुआ। उसने कहा– यह कैसी बात है। सिपाहियों के साथ जाने वाला एक राजा और दूसरा अपराधी। इस पर पिता हंसे फिर उन्होंने कहा–पुत्र, बात तो ठीक है पर इन दोनों में बड़ा अंतर है। राजा के साथ पाँच–छह सिपाही थे। वे सिपाही राजा के अधीन थे। लेकिन वह अपराधी सिपाहियों के अधीन था। राजा ने ही अपराधी को दंड दिया होगा। राजा उसके भाग्य का निर्धारक है पर अपराधी, राजा का भाग्य तय नहीं कर सकता। बल्कि वह अपने बारे में भी कुछ तय नहीं कर सकता। उसे अपने बुरे कार्य का दंड भोगना पड़ेगा। एक तरह से देखें तो इन दोनों में एक शासक है दूसरा दास।

राजा शासक है और अपराधी गुलाम। यदि मनुष्य क्रोध, अहंकार माया, लोभ आदि पर विजय प्राप्त कर ले तो वह शासक बन जाता है पर इन पर विजय नहीं प्राप्त कर पाता तो वह गुलाम बन जाता है। इसलिए हमें अच्छे कार्य करने चाहिए।

42. शांति और सुख की खोजः एक टीले पर बैठे हुए संत अनाम डूबते सूर्य को बड़े ध्यान से देख रहे थे। वे देख रहे थे, किस प्रकार एक दिन महाशक्तिओं का वैभव नष्ट हो जाता है। संत अनाम इन्हीं विचारों में डूबे थे कि एक आदमी उनके पास आया और प्रणाम कर चुपचाप खड़ा हो गया। संत अनाम ने पूछा, "वत्स! मुझसे कुछ काम है?" आगंतुक ने कहा, "भगवन! मैं पुरु देश का धनी सेठ हूँ। तीर्थयात्रा के लिए चलने लगा तो मेरे एक मित्र ने मुझसे कहा कि आप इतने स्थानों की यात्रा करेंगे।

कहीं से मेरे लिए शांति, सुख और प्रसन्नता मोल ले आना। मैंने अनेक स्थानों पर ढूंढा, पर तीनों वस्तुएं कहीं नहीं मिली। आप को अत्यंत शांत, सुखी और प्रसन्न देखकर ही आपके पास आया हूँ। संभव है, आप के पास ही वे वस्तुएं उपलब्ध हो जाएँ। संत अनाम मुस्कुराएं और अपनी कुटिया के भीतर चले गए। कुछ क्षणों के बाद ही वह लौट कर आए और एक कागज की पुड़िया देते हुए बोले, "यह अपने मित्र को दे देना और हां, तब तक इसे कहीं खोलना मत।" आगंतुक पुड़िया लेकर चला गया और मित्र को दे दी। कुछ दिनों बाद जब वह फिर मित्र से मिलने गया तो देखा कि मित्र काफी प्रसन्न दिख रहा है। उसने कहा, "मित्र! मुझे भी अपनी औषधि का कुछ अंश दे दो तो मेरा भी कल्याण हो जाए।" मित्र ने पुड़िया खोलकर दिखाई। उसमें लिखा था – अंतःकरण में विवेक और संतोष का भाव रखने से ही स्थायी सुख, शांति और प्रसन्नता मिलती है।

43. संकल्प की शक्तिः सर्दी के दिन थे। दो छोटे बच्चों ने अंगीठी सुलगाने के प्रयास में मिट्टी के तेल के स्थान पर पेट्रोल डाल दिया और आग भड़क गई। एक बच्चे ने तो उसी समय दम तोड़ दिया। दूसरा बच्चा कई महीने अस्पताल में रहने के बाद कुरूप और अपंग हो गया। दोनों पैर लकड़ी की तरह सूख गए। पहिएदार कुर्सी के सहारे जब वह

घर लौटा तो किसी को आशा न थी कि वह कभी चल सकेगा। पर लड़के ने साहस नहीं छोड़ा। वह अच्छी स्थिति प्राप्त करने के लिए निरंतर प्रयत्न करता रहा। निराश या खिन्न होने के बजाय उसने जीवन को एक चुनौती के रूप में लिया। उसने अपनी प्रतिकूल हालत को अपनी ताकत में बदलने के लिए अपने कौशल और पौरुष को दांव पर लगा दिया। लोगों ने पहले तो उसके प्रयासों पर संदेह किया मगर उसकी संकल्पशक्ति देखकर उसे सहयोग करने के लिए तैयार हो गए। उसने बैसाखी के सहारे न केवल चलने में बल्कि दौड़ने में भी सफलता पाई और पुरस्कार भी जीते। इस विपन्नता के बीच भी उसने पढ़ाई जारी रखी। एमए, पीएचडी उत्तीर्ण की और विश्वविद्यालय में निदेशक के पद पर आसीन हुआ। द्वितीय विश्वयुद्ध में वह मोर्चे पर भी गया और वहाँ सफल भी रहा। रिटायर होने पर उसने अपनी जमा पूंजी से अपंगों को स्वावलंबन देने वाला एक आश्रम खोला, जिसमें इन दिनों पंद्रह हजार अपंगों के पढ़ने, रहने और कमाने का प्रबंध है। अमेरिका के इस संकल्पवान साहसी ग्लेन कनिंघम का नाम दुनिया में श्रद्धापूर्वक लिया जाता है। उनका जीवन लोगों को आज भी प्रेरित करता है।

44. कौन बनेगा वारिसः किसी गाँव में एक विद्वान रहता था। उसके पास काफी धन–संपत्ति थी, मगर उसका कोई वारिस नहीं था। उसकी स्त्री पहले ही परलोक सिधार चुकी थी। एक दिन उसके मन में सवाल उठा कि जब वह बूढ़ा हो जाएगा तो न जाने कौन उसकी सेवा करेगा। उसने गाँव में घोषणा करवा दी कि जो व्यक्ति दिन–रात उसका गुणगान करेगा, उसे वह अपनी सारी संपत्ति दे देगा। यह सुनते ही गाँव में हर जगह उसकी चर्चा होने लगी। लोग उसको तारीफों के पुल बांधने लगे। लोग बिना सोचे–समझे यह कर रहे थे। इस मामले में हर कोई एक–दूसरे को मात देने में लगा था। लेकिन एक नौजवान ऐसा भी था जिसे इन सब से कोई मतलब नहीं था। जब उस विद्वान को उसके बारे–में पता चला तो उसने उस नवयुवक को अपने पास बुलाया, पर उसने आने से यह कहकर इनकार कर दिया कि उसके पास समय नहीं है। इससे विद्वान के भीतर उस नौजवान से मिलने की उत्सुकता और बढ़ गई। वह खुद ही उसके पास चला गया। नौजवान एक झोपड़ी में रहता

था। जब विद्वान झोपड़ी में पहुँचा तो वह फटे–पुराने कपड़े पहने खिलौने बना रहा था। विद्वान ने उससे पूछा– क्या तुम्हें मालूम नहीं कि जो मेरा गुणगान करेगा उसे मैं अपना वारिस बनाऊंगा। नौजवान ने थोड़ा कड़े स्वर में कहा– तो मैं क्या करूँ? विद्वान बोला– अगर तुम मेरा गुणगान करने वालों में सर्वश्रेष्ठ निकले तो मैं तुम्हें अपनी सारी संपत्ति दे दूँगा। नौजवान बोला– क्षमा करें, आपकी संपत्ति का मेरे लिए कोई मोल नहीं है। मुझे ईश्वर की कृपा से अब तक जो भी मिला है वह काफी है। जब उसे देना होगा तो देगा। वैसे मैं अपने जीवन से बेहद संतुष्ट हूँ। मैं आपका झूठा गुणगान क्यों करूँ? विद्वान उससे बेहद प्रभावित हुआ। उसने कहा– पूरे गाँव में तुम ही ऐसे हो जिसके भीतर थोड़ा भी लालच नहीं है। मैं ऐसे ही व्यक्ति की तलाश में था। तुम ही मेरे वारिस बनोगे।

45. सुख की कमीजः बहुत समय पहले उत्तरी अफ्रीका में एक राजा था। उसके पास सब कुछ था– सोना–चांदी, पत्नी–बच्चे, नौकर–चाकर लेकिन वह सुखी नहीं था। वह समझ नहीं पाता था कि कैसे खुश रहा जाए? एक दिन वह नौकरों पर ही चिल्ला पड़ा, "मैं खुश क्यों नहीं रहता हूं? मुझे सुख पाने के लिए क्या करना चाहिए?" एक नौकर ने कहा, आकाश में चाँद और तारे कितने सुंदर दिखते हैं। आप उन्हें देखेंगे तो लगेगा कि जिंदगी कितनी अच्छी है। "राजा गुस्से में बोला, "मैं उन्हें देखता हूँ तो मुझे और गुस्सा आता है। मैं उन्हें पा नहीं सकता इसलिए। दूसरे नौकर ने कहा, संगीत मनुष्य को सुख देता है। आप सुबह से शाम तक संगीत में डूबे रहें।" राजा ने कहा, "मैं मानता हूँ कि संगीत अच्छी चीज है लेकिन सुबह से रात तक संगीत सुनना..नहीं नहीं !" नौकर चले गए। राजा अपने कमरे में खामोश बैठ गया। थोड़ी देर बाद एक और नौकर आया। उसने कहा, हुजूर, मैं आपको सुखी होने का एक उपाय बताता हूँ। आपको ऐसा आदमी ढूंढना चाहिए जो खूब सुखी हो। उस की कमीज उतारकर अगर आप पहन लेंगे तो सुख अपने–आप आपके शरीर के अंदर चला जाएगा। राजा को सलाह पसंद आई। उसने अपने सिपाहियों को सुखी आदमी की तलाश में भेज दिया। सिपाही भटकते रहे पर वैसा आदमी मिल नहीं रहा था। एक दिन एक छोटे से गाँव के एक आदमी ने दावा किया कि वह दुनिया का सबसे सुखी आदमी है। सिपाही

उसे राजा के पास ले आए राजा ने स्वागत करते हुए कहा, इधर आओ मेरे दोस्त। अपनी कमीज उतारकर मुझे दे दो! ठिगना आदमी राजा के पास आया। राजा ने उसकी ओर देखा तो आश्चर्य से देखता रह गया। दुनिया के उस सबसे सुखी आदमी ने कोई कमीज ही नहीं पहन रखी थी!

46. मदद का तरीकाः गंगा के किनारे ऋषि अभेन्द्र का आश्रम था। दूर–दूर से लोग वहाँ शिक्षा ग्रहण करने आते थे। एक बार भयंकर अकाल पड़ा। त्राहि–त्राहि मच गई। अभेन्द्र ने अपने तीन वरिष्ठ शिष्यों को बुलाया और कहा– मेरी इच्छा है कि तुम लोग अलग–अलग इलाकों में जाओ और भूखों को भोजन कराओ। शिष्य बोले– गुरुदेव, यह कैसे संभव है। हमारे पास न तो अन्न का भंडार है, न ही अनाज खरीदने के लिए धन। तब अभेन्द्र ने उन्हें एक–एक थाली देते हुए कहा–यह चमत्कारी थाली है। इससे जितना भोजन माँगोगे उतना मिलेगा। दो शिष्य एक जगह बैठकर लोगों को भोजन कराने लगे। जो उधर से गुजरता उसे वे भरपेट खाना खिलाते। लेकिन तीसरा शिष्य गोपाल बैठा नहीं। वह घूम–घूम कर भूखों को खाना खिलाता रहा। कुछ दिनों बाद सभी आश्रम में लौट आए। अभेन्द्र ने सभी से उनके अनुभव के बारे में पूछा। सबने बताया कि किस तरह उन्होंने अकाल पीड़ितों को खाना खिलाया। अभेन्द्र चुपचाप सुनते रहे। थोड़ी देर बाद उन्होंने गोपाल की पीठ थपथपाई और उसकी प्रशंसा करने लगे। वह कई दिनों तक गोपाल की सराहना करते रहे। बाकी दो शिष्यों को अटपटा लगा। एक दिन उन्होंने पूछ ही लिया– गुरुदेव, अकाल पीड़ितों की सहायता तो हमने भी की पर गोपाल अधिक प्रशंसा का पात्र क्यों बना? इस पर अभेन्द्र बोले– तुमने एक स्थान पर बैठकर लोगों की सहायता की। इससे वे लोग वंचित रह गए जो तुम्हारे पास नहीं आ सकते थे। जबकि गोपाल ने घूम–घूमकर ज्यादा लोगों को भोजन कराया। इसलिए उसकी सहायता महत्वपूर्ण है।

47. गाड़ी और पत्थरः प्रसिद्ध उद्योगपति जॉनसन एक बार किसी कस्बे से होकर गुजर रहे थे। उनकी तेज रफ्तार कार जब उस कस्बे से निकलकर खुले में आई तभी अचानक एक तेज आवाज के साथ एक बड़ा पत्थर उनकी कार से आ टकराया और कार में खरोंच का एक बड़ा

निशान छोड़ गया। जॉनसन ने तत्काल ब्रेक लगाया और कार से उतरकर उधर देखने लगे जिधर से पत्थर आया था। वह गुस्से से थर–थर कांपने लगे थे। तभी उनकी नजर एक लड़के पर पड़ी जो वहीं सहमा सा खड़ा था। वह उसे थप्पड़ जड़ने ही वाले थे कि लड़का रुआंसा होकर बोला– पत्थर फेंकने के लिए माफी चाहता हूँ। मगर यहाँ से गुजर रही सभी गाड़ियाँ इतनी तेज दौड़ रही हैं कि मेरे चिल्लाने की आवाज किसी के कानों में नहीं पड़ रही। पिछली गली के कोने में मेरा बड़ा भाई अपने व्हील–चेयर से गिरकर जमीन पर पड़ा है। मैं उसे खुद नहीं उठा पाऊंगा इसलिए मदद के लिए बड़ी देर से चिल्ला रहा हूँ। जब किसी ने भी नहीं रोका तो मुझे मजबूरन आपको गाड़ी पर पत्थर मारना पड़ा। आप ही बताइए मैं क्या करता। क्या मैं अपने भाई को उसके हाल पर छोड़ दूं? लड़के की मासूमियत भरी बात सुनते ही जॉनसन का गुस्सा उतर गया। वह ग्लानि से भर उठे। वह उस लड़के के साथ उसके भाई के पास पहुँचे और उन्होंने उसे सहारा देकर व्हील चेयर पर बिठाया। दोनों भाइयों ने जॉनसन के प्रति आभार व्यक्त किया। जॉनसन इस घटना को भुला नहीं पाए। काफी दिनों बाद जब उन्होंने अपनी जीवनी लिखी तो उसमें एक खास वाक्य लिखा जो काफी मशहूर हुआ। वह वाक्य था. जीवन में कभी इतना तेज मत दौड़ो कि किसी को तुम्हें रोकने के लिए पत्थर का इस्तेमाल करना पड़े। जाहिर है उस घटना ने उनके ऊपर गहरा असर डाला था। उनका यह वाक्य जीवन के लिए जरूरी सूत्र बन गया।

48. मालिक और गुलामः "यह उन दिनों की बात है जब दास प्रथा का चलन था। तब इंसान को खुलेआम खरीदा–बेचा जाता था। उनके बड़े–बड़े बाजार लगते थे। उनके साथ जानवरों जैसा सलूक किया जाता था। किसी देश में एक जागीरदार के पास अनेक दास थे जिनसे वह बड़ा ही क्रूरतापूर्ण व्यवहार करता था। न ही उन्हें पेट भर खाना देता था, न ही आराम करने देता था। ऊपर से जब–तब कोड़ों से मारता भी था। जागीरदार ने दासों की देखभाल के लिए एक व्यक्ति को रख लिया। वह व्यक्ति स्वभाव से बड़ा ही नरम, दयालु और मेहनती था। वह गुलामों से स्नेहपूर्ण व्यवहार करता था।

वह उन्हें समय पर खाना देता और आराम करने के पर्याप्त मौके भी उपलब्ध कराता था। एक दिन जागीरदार ने उस व्यक्ति से कहा– 'जाओ, खेतों में गेहूं बो कर आओ।' जब वह खेतों में बुवाई करके लौटा तो जागीरदार ने उससे पूछा– 'क्या ठीक से गेहूँ बो कर आ गए?' इस पर उस व्यक्ति ने कहा– 'जी हाँ।' 'बहुत अच्छे ढंग से बोया है।' जौ की बड़ी अच्छी फसल आएगी। इस पर जागीरदार हैरत में पड़ गया। उसने उससे गुस्से में कहा– 'क्या बक रहे हो? मुझे नहीं पता था कि तू इतना बड़ा बेवकूफ निकलेगा। मैंने तुम्हें गेहूँ बोने के लिए भेजा था। अगर तुमने गेहूं बोए हैं तो जौ की फसल भला क्यों आएगी?' इस पर उस व्यक्ति ने कहा– 'ठीक कह रहे हैं आप। जब मैंने गेहूं बोये हैं तो जौ की फसल क्यों आएगी? आदमी जो बोता है, वही काटता है। जैसे आप इन गुलामों के साथ बेहद क्रूरतापूर्ण व्यवहार कर रहे हैं फिर भी आप चाहते हैं कि आपके जीवन में खुशी और समृद्धि आए। ऐसा कैसे हो सकता है भला। दूसरों को दुःख–तकलीफ पहुँचाकर कोई भी कभी संतुष्ट नहीं रह सकता।' जागीरदार को यह बात समझ में आ गई। वह उस दिन से गुलामों के साथ अच्छा व्यवहार करने लगा।

49. वह छोटी लड़की: एक शहर में अकाल पड़ा। भुखमरी की नौबत आ गई। एक नेकदिल सेठ ने घोषणा की कि वह रोज बच्चों को रोटियाँ बांटेगा। अगले दिन हजारों बच्चे उसके घर के बाहर पहुँच गए। वे एक–दूसरे को धक्का मारते, गिरते –पड़ते रोटियों की टोकरी तक पहुँचने की कोशिश कर रहे थे। रोटियाँ छोटी–बड़ी सभी तरह की थीं। हर बच्चा बड़ी रोटी पाने की फिराक में था। इन सब से दूर एक छोटी लड़की चुपचाप कोने में खड़ी थी। जब सब बच्चों को रोटियाँ मिल गईं तो वह आगे बढ़ी। तब तक टोकरी में बस एक रोटी बची थी। उसने खुश होकर वह रोटी ली और घर चली आई। अगले दिन फिर रोटियाँ बंटने लगीं। आज भी पिंछले दिन की तरह ही धक्कामुक्की हो रही थी। आज भी वह लड़की उसी तरह खड़ी रही। अंत में उसे सबसे छोटी रोटी मिली। घर आकर जब उसने रोटी तोड़ी तो उसमें से सोने का एक सिक्का निकला। लड़की की माँ ने उसे वह सिक्का सेठ जी को लौटा आने को कहा। लड़की जब सिक्का लेकर सेठ के पास पहुँची तो सेठ ने कहा–

मैंने वह सिक्का जानबूझकर सबसे छोटी रोटी में डाला था। मैं सबसे ज्यादा सब्र रखने वाले बच्चे को पुरस्कार देना चाहता था। इसलिए इसे तुम अपने पास ही रखो। इस पर लड़की मासूमियत से बोली– मेरे सब्र का पुरस्कार यही था कि औरों की तरह मुझे धक्के नहीं खाने पड़े। इसे लेकर मैं लोभी हो सकती हूँ और सबसे छोटी रोटी पाने के लिए धक्कामुक्की कर सकती हूँ। इसे आप ही रखें। सेठ ने लड़की से प्रभावित होकर उसे अपनी धर्म पुत्री बना लिया।

50. दूसरों के बारे में: मार्टिन लूथर महान संत थे। उन्होंने हमेशा झूठे चमत्कारों का विरोध किया। उन्होंने धर्म की आड़ में जारी पाखंड और कुरीतियों के खिलाफ आंदोलन चलाए। उनके इन कार्यों से कई लोग उनसे चिढ़ने लगे थे। वे उन्हें नास्तिक बताकर उनके बहिष्कार की अपील करते। पर मार्टिन ऐसे लोगों की परवाह न करते हुए अपने काम में जुटे रहते। एक दिन मार्टिन के कुछ शिष्यों को मार्टिन के विरोधियों ने भला–बुरा कह दिया। वे उत्तेजित होकर अपने गुरु के पास आए बोले– गुरुवर, आपके कुछ विरोधी खुलेआम आपका अपमान करते हैं और हमें भी बुरा–भला कहते हैं। आप में ईश्वर की दिव्य शक्ति है, आप क्यों नहीं उन्हें सजा देते। उनकी बात सुनकर मार्टिन लूथर मुस्कराए। बोले– तुम लोग जिस ईश्वर की बात कर रहे हो, उसके स्वभाव में सजा देना है ही नहीं, तो मैं कैसे ऐसा अपराध कर सकता हूँ। ईश्वर ने दूसरों के बारे में निर्णय लेने का हमें कोई अधिकार नहीं दिया है। मैं यदि तुम लोगों के सामने पाखंड का विरोध करता हूँ तो यह मुझ पर भी उतना ही लागू होता है। अपने को दूसरों से ज्यादा शक्तिशाली मान उनके लिए सजा मुकर्रर करना एक पाखंड ही तो है। अपने गुरु की ऐसी बात सुनकर सभी नतमस्तक हो गए।

51. धैर्य: महात्मा बुद्ध अपने शिष्य आनंद के साथ वन में विचर रहे थे। थकान लगने पर उन्होंने आनंद को पास के पोखर से पानी लाने को कहा। परंतु पोखर से अभी–अभी एक बैलगाड़ी गुजरी थी, जिससे पोखर का पानी गंदा हो गया था। आनंद वापस लौट आए और उन्होंने बुद्ध को बताया कि पानी गंदा है। बुद्ध ने उन्हें कहा कि वे थोड़ी देर बाद उसी पोखर से पानी लाएं। पर पानी फिर भी गंदा था। आनंद ने तब बुद्ध से

किसी दूसरे पोखर से पानी लाने की बात कही। मगर बुद्ध उन्हें बार–बार उसी पोखर से पानी लाने को कहते रहे। आखिरकार कई घंटों बाद आनंद ने देखा कि पानी वाकई साफ हो चुका था। जब वे पानी लेकर लौटे तो बुद्ध ने उन्हें समझाया– वत्स, हमारे मन में भी कई दृश्यों, घटनाओं को देख ऐसे विकार उठते हैं। हम धैर्य से काम लें, साक्षी भाव से उन्हें देखें तो धीरे–धीरे वे साफ हो जाते हैं। धैर्य बहुत जरूरी है।

52. शांति का रहस्यः एक बार श्रोणिक नामक राजा भगवान बुद्ध के दर्शन करने गया। अभिवादन करने के बाद वह बुद्ध के निकट ही बैठ गया। बुद्ध के आसपास कई भिक्षु बैठे हुए थे। राजा काफी देर तक उन भिक्षुओं को देखता रहा। भिक्षु अपने–अपने कार्यों में व्यस्त थे। उनके चेहरे पर कहीं भी दुःख की छाया न थी। वहाँ ऐसी परम शांति देख श्रोणिक को सहज ही अपने राजकुमार याद आ गए। दोनों ही राजकुमार हमेशा चिंतित दिखते थे। उनके चेहरों पर हमेशा एक उद्‌विग्नता थी। श्रोणिक से जब रहा नहीं गया तो उसने तथागत से पूछ ही लिया– भगवन, ऐसा क्यों हैं कि आपके आश्रम में सभी भिक्षुओं के चेहरों पर एक तेज है। कोई दुःखी नहीं, किसी को कोई कष्ट नहीं, जैसे यह जीवन उनके लिए परम आनंद का स्त्रोत हो। मैंने अपने युवा राजकुमारों को संसार की सभी सुविधाएं दी हुई हैं, पर उनके चेहरे पर मुझे इतना संतोष, ऐसा तेज नहीं दिखता? तथागत राजा की बात सुन शांत भाव से बोले– राजन, मेरे भिक्षुक अनेक शारीरिक कष्ट सहते हैं, पर इन्हें कोई मानसिक कष्ट नहीं। अपने अतीत और भविष्य को लेकर इन्हें कोई चिंता नहीं। परंतु तुम्हारे बेटे अपने भविष्य के बारे में सोचते हैं, आज उन्हें मिल रही सुविधाएं कल रहें न रहें, उन्हें चिंता होती है, उनमें भय पैदा होता है। जिस दिन वे बिना सुविधाओं के जीना सीख लेंगे, उनके चेहरों पर भी शांति लौट आएगी।

53. लक्ष्य से भटक जाता हैः प्रेमी संघ जनकपुरी में आयोजित भागवत ज्ञान यज्ञ में प्रवचन करते हुए महामंडलेश्वर स्वामी गिरि ने कहा कि अवरोध एवं प्रतिरोध का नाम ही जगत है। दूसरों की निन्दा करना तथा दूसरों के दोष निकालना भयंकर रोग है। कथा प्रेमियों को इससे बचना चाहिए.। उदार चरित्र वाला व्यक्ति सम्पूर्ण विश्व को अपना कुटुम्ब मानता है। भारतीय संस्कृति का यह अनुपम आदर्श है कि यहाँ विषधर को

भी दुग्ध पान करा कर उसकी पूजा की जाती है। स्वामी जी ने कहा कि जो व्यक्ति दूसरों की निन्दा–स्तुति में ही लगा रहता है वह परमार्थ लक्ष्य से भटक जाता है। सत्य में निष्ठा रखने वाले व्यक्ति को अनेक कष्ट भोगने पड़ते हैं। ये महासत्य बलि माँगते हैं, लेकिन परिणाम मंगलमय होता है।

54. श्रम का सुखः एक बहुत प्रसिद्ध दानी महात्मा थे। उनके पास दान पाने के लिए रोज गरीब, भिक्षु आदि आते रहते थे। एक दिन जंगल से गुजरते हुए महात्मा ने देखा कि एक बूढ़ा सिर पर लकड़ियों का गट्ठर लिए चला जा रहा है। वह थोड़ी–थोड़ी दूरी पर गट्ठर उतार कर विश्राम करता और फिर चल देता। महात्मा ने उसे रोककर पूछा– बाबा, आप इस वृद्धावस्था में भी इतना श्रम क्यों कर रहे हैं। पास में ही एक महात्मा का आश्रम है, वे किसी को भी दान दे देते हैं। आप उनके पास जाओ और पर्याप्त दान ले आओ। महात्मा की बात सुन बूढ़े लकड़हारे ने कहा– मुझे जो आनंद अपने श्रम से कमाए पैसों से मिलता है, वह दान में पाई चीजों से कैसे मिल सकता है? मेरे पास जब तक शक्ति और सामर्थ्य है, मैं अपने श्रम का सुख भोगना चाहता हूँ, क्योंकि यही सबसे बड़ा सुख है। इसी श्रम के कारण ही आज मेरा स्वास्थ्य भी ठीक है। लकड़हारे की बात महात्मा के दिल में उतर गई। अब जो भी उनके पास दान माँगने आता वे उसे बूढ़े लकड़हारे की कहानी सुनाकर श्रम की महिमा समझाने लगे।

55. विनम्रताः एक दिन समुद्र ने एक नदी से पूछा– तुम अपने प्रवाह में बड़े–बड़े वृक्षों को उखाड़ ले आती हो, पर क्या वजह है कि तुम्हारे किनारे खड़े पतले–पतले सरकंडे अपनी जगह अलमस्त खड़े रहते हैं। नदी ने सारगर्भित उत्तर देते हुए कहा– हे नाथ, बड़े–बड़े वृक्ष हमारे सामने अकड़ते हुए भूल जाते हैं कि उनकी जड़ें हमारे प्रचंड वेग का सामना नहीं कर सकतीं। इसलिए, थोड़े बहुत विद्रोह के बाद वे हारकर उखड़ जाते हैं। पर इन सरकंडों के बारे में क्या कहूं। हमारा प्रवाह देखते ही ये विनम्र होकर नतमस्तक हो जाते हैं और प्रवाह के साथ ही झुक जाते हैं। एक बार प्रवाह खत्म होने के बाद वे दोबारा तनकर खड़े हो जाते हैं। इस तरह अपने विनम्र और समयानुसार व्यवहार के कारण वे सुरक्षित बने रहते हैं।

56. सहनशीलताः सतपुड़ा के जंगलों में एक साधु तपस्यारत था। वह जंगल से गुजरने वाले लोगों को अपनी कुटी में आमंत्रित कर उन्हें

भोजन करवाता था। इस काम को वह बहुत पुण्य का काम मानता था। एक दिन एक वृद्ध जंगल में भटकते हुए कुटी में पहुँचा। वृद्ध को जोरों की भूख लगी थी। साधु ने उनका सत्कार करते हुए जल्दी ही उनके लिए भोजन परोसा। परंतु जब उसने देखा कि वृद्ध बिना ईश्वर स्तुति किए भोजन पर टूट पड़ा, तो उसने उससे भोजन की थाली छीन ली। वृद्ध भूखा ही उसकी कुटी से चला गया। उसी रात साधु ने सपने में ईश्वर को देखा। वे उससे पूछ रहे थे कि उसने क्यों एक भूखे को बिना खिलाए भेज दिया। साधु सपने में ही बोला– प्रभु, उसने आपका अनादर किया। वह बिना आचमन किए, बिना आपको याद किए ही भोजन करने लगा था। उसकी बात पर प्रभु बोले– लेकिन वह तो पिछले 90 सालों से मेरा ऐसा अनादर करता आ रहा था, जब मैं 90 साल से उसे सहता रहा हूँ तो क्या तुम एक दिन के लिए उसे नहीं सहन कर सकते थे। प्रभु की बात सुन साधु की आँख खुल गई।

57. जीवन की सार्थकताः एक राजा काफी वृद्ध और बीमार हो चला था। उसका जीवन दवाओं के सहारे ही चल रहा था। इस दौरान एक ज्योतिषी उसके पास आया और उसने कहा कि राजा का जीवन बस एक माह शेष है। इससे राजा और चिंतित हो गया। उसकी बीमारी और बढ़ गई। उन्हीं दिनों एक संत राजा को देखने आए। राजा ने उन्हें सारी बात बताई तो वे हंसकर बोले, "आप तो अमर हैं।" इस पर राजा को बेहद आश्चर्य हुआ। उसने संत से कहा, ''मेरा शरीर तो जर्जर हो चुका है। यह कभी भी टूट सकता है फिर मैं अमर कैसे हो सकता हूँ। कृपया विस्तार से समझाएं।'' यह सुनकर संत राजा को एक जुलाहे के यहाँ ले गए। संत ने जुलाहे से पूछा, "तुम कपड़ा तो बनाते हो पर बेचारी रूई के अस्तित्व को क्यों मिटाते हो?" इस पर जुलाहा बोला, "यदि समय रहते रूई का उपयोग न किया जाए तो वायु और रेत इसको नष्ट कर देंगी। मैं तो इन्हें कपड़े में बदल इन्हें समाज के लिए उपयोगी बना रहा हूँ।" अब संत ने राजा को समझाया, राजन, दुनिया की हर वस्तु का एक न एक दिन मिटना तय है। इसलिए उनका सर्वोत्तम प्रयोग किया जाना चाहिए। इसी में उसकी सार्थकता है। शरीर का भी एक दिन नष्ट होना तय है। उसे स्थायी रूप से बचाया नहीं जा सकता। इसलिए उसके बचने की चिंता

छोड़कर. हमें उसका दूसरों के हित में प्रयोग करना चाहिए। मनुष्य जब तक जिये सुख से जिये।" राजा संत का आशय समझ गया। वह मृत्यु की चिंता छोड़कर राजकाज में फिर से मन लगाने लगा। धीरे–धीरे वह स्वस्थ हो गया।

58. छोटे–छोटे कामः एक दिन गाँधी जी साबरमती आश्रम में कार्यकर्ताओं के साथ कताई कर रहे थे। तभी लाल बहादुर शास्त्री कहीं बाहर से आश्रम में पहुँचे। पहले वे सीधे गांधी जी से मिलने कताई स्थल पर गए और जा कर उनके पास बैठ गए। गांधी जी की निगाह उनके कुर्ते पर पड़ी तो वे बोले– "लाल बहादुर, तुम्हारे कुर्ते में चीर लगी है।" शास्त्री जी ने कहा, हाँ बापू, देख तो लिया था, मगर समय नहीं मिला कि जाकर इसे सिलवा लूँ। यहाँ से जाकर सिलवा लूंगा। गांधी जी ने कहा, तुम लंबे सफर से आ रहे हो। थक भी गए होंगे। सबसे पहले स्नान कर लो। इससे तुम्हारी थकान दूर होगी और तरोताजा भी महसूस करोगे। शास्त्री जी कुर्ता निकाल कर तख्त पर रख नहाने चले गए। उनके जाते ही गांधी जी ने सुई– धागा ले उनका कुर्ता सिल दिया और उसे खूंटी पर टांग दिया। शास्त्री जी स्नान– ध्यान करके आए तो कुर्ता वहाँ नहीं था। उन्हें कुर्ता खोजते देख कर गांधी जी ने इशारा किया, वहाँ खूंटी पर टंगा है। शास्त्री जी ने जब उसे पहना तो देखा कि कुर्ता सिला हुआ है। वह कुछ पूछते, उसके पहले ही गांधी जी बोले, "लाल बहादुर, आजादी तो हमें तभी मिलेगी जब सब लोग दूसरे पर निर्भरता छोड़ कर अपना काम स्वयं करने लगेंगे। जब हम इतना छोटा काम भी दूसरे के लिए छोड़ देंगे, तो देश का क्या होगा। पूरी आजादी हमें कैसे मिलेगी।" शास्त्री जी के पास कोई जवाब नहीं था। गांधी जी की नसीहत को शास्त्री जी ने जिंदगी भर याद रखा। अपना कोई भी काम दूसरे के भरोसे नहीं छोड़ा। मंत्री बनने के बाद भी उन्हें गांधी जी की सीख याद रही और वह अपने कपड़े स्वयं साफ करते थे।

59. सदाचरण से सम्मानः प्राचीन समय में वाराणसी के राज पुरोहित हुआ करते थे– देव मित्र। राजा को राज पुरोहित की विद्वता और योग्यता पर बहुत भरोसा था। राजा इसलिए उनकी हर बात मानते थे। प्रजा के बीच भी राज पुरोहित का काफी आदर था। एक दिन राज

पुरोहित के मन में सवाल उठा कि राजा और दूसरे लोग जो मेरा सम्मान करते हैं, उसका कारण क्या है? राज पुरोहित ने अपने इस प्रश्न का उत्तर पाने के लिए एक योजना बनाई। अगले दिन दरबार से लौटते समय उन्होंने राज कोषागार से एक स्वर्ण मुद्रा चुपचाप ले ली, जिसे कोष अधिकारी ने देखकर भी नजरंदाज कर दिया। राज पुरोहित ने दूसरे दिन भी दरबार से लौटते समय दो स्वर्ण मुद्राएं उठा लीं। कोष अधिकारी ने देखकर सोचा कि शायद किसी प्रयोजन के लिए वे ऐसा कर रहे हैं, बाद में अवश्य बता देंगे। तीसरे दिन राज पुरोहित ने मुट्ठी में स्वर्ण मुद्राएँ भर लीं। इस बार कोष अधिकारी ने उन्हें पकड़कर सैनिकों के हवाले कर दिया। उनका मामला राजा तक पहुँचा।

न्यायाधीश की कुर्सी पर बैठे राजा ने अपना निर्णय सुनाते हुए कहा कि राज पुरोहित द्वारा तीन बार राजकोष का धन चुराया गया है। इस दुराचरण के लिए उन्हें तीन महीने की कैद दी जाए ताकि वह फिर कभी ऐसा अपराध न कर सकें। राजा के निर्णय से राज पुरोहित को अपने सवाल का जवाब मिल चुका था। राज पुरोहित ने राजा से निवेदन किया, ''राजन मैं चोर नहीं हूँ। मैं यह जानना चाहता था कि आपके द्वारा मुझे जो सम्मान दिया जाता है, उसका सही अधिकारी "कौन है, मेरी योग्यता, विद्वता या मेरा सदाचरण। आज सभी लोग समझ गए है कि सदाचरण को छोड़ते ही मैं दंड का अधिकारी बन गया हूँ। सदाचरण और नैतिकता ही मेरे सम्मान का मूल कारण थी।'' इस पर राजा ने कहा कि वह उनकी बात समझ रहे हैं मगर दूसरों को सीख देने के लिए उनका दंडित होना आवश्यक है।

60. 'बेकार की चिंता': नईम नामक एक प्रसिद्ध हकीम थे। उनके नुस्खे दूर–दूर तक प्रसिद्ध थे। एक दिन एक युवक उनके पास आया और बोला, ''पेट दर्द ने मेरा जीना मुश्किल कर दिया है। मैंने अपने गाँव के कई हकीमों को दिखाया पर कोई मेरा मर्ज पकड़–नहीं पाया। कृपया मुझे बचाएं।'' हकीम ने युवक के शरीर का मुआयना किया तो पाया कि उसके शरीर की अनेक नसें तनाव से ग्रस्त हैं। वे युवक से बोले, ''तुम्हें घर, रोजगार या परिवार की ऐसी कौन सी बात परेशान कर रही है जिसके बारे में तुम अक्सर सोचते रहते हो?" युवक बोला, 'आपको कैसे पता लगा

कि मैं किसी बात की फिक्र कर रहा हूं? दरअसल पिछले महीने मेरा एक रिश्तेदार तपेदिक से मर गया। तब से मैं हर वक्त यही सोचता रहता हूँ कि कहीं मुझे भी यह बीमारी न हो जाए।' उसकी बात पर नईम बोले, "जिस मर्ज का दूर–दूर तक फिलहाल तुमसे कोई वास्ता ही नहीं है तुम उसे सोचकर तनावग्रस्त होते रहोगे और चिंता में घुलते रहोगे तो जरूर तुम्हें तपेदिक हो जाएगा। जीवन में अधिकतर लोग ऐसी चिंताओं में डूबे रहते हैं जिनका उनसे कोई वास्ता नहीं होता। इसी चिंता में अनेक रोग उनके शरीर में लग जाते हैं। जीवन में दुःख–सुख, बीमारी आदि चलती ही रहती हैं। उनका सामना करना चाहिए। तुम्हें अगर सोचना ही है तो अच्छी–अच्छी बातें सोचो जैसे तुम्हें कुछ दिनों में अपना कारोबार बढ़ाना है या कोई और मकसद हासिल करना है।'' युवक को नईम की यह बात समझ में आ गई और उसी क्षण से उसने बेवजह फिक्र करना छोड़ दिया।

61. हक की रोटीः राजा भोज अपनी न्यायप्रियता के साथ विद्वानों का आदर करने के लिए भी जाने जाते थे। वे अकसर विद्वानों और दरबारियों से भिन्न–भिन्न विषयों पर चर्चा करते रहते। एक बार उनके राज्य के सबसे बड़े विद्वान उनके दरबार में आए। एक दिन वे दोनों खाने की मेज पर बैठे, तभी भोज के मन में एक सवाल उठा उन्होंने विद्वान से पूछा, "कृपया बताएं कि हक की रोटी कैसी होती है।" उनके इस सवाल पर विद्वान ने कहा, "इसका जवाब मैं आपको दूं इससे अच्छा है कि आप इसे अपने नगर में ही रहने वाली एक वृद्धा से पूछें। आप उनसे हक की रोटी माँग भी सकते हैं। आपके प्रश्न का सटीक जवाब आपको मिल जाएगा।" भोज उस वृद्धा के पास पहुँचे और बोले, "माता मुझे हक की रोटी दें।" वृद्धा ने कहा, "राजन् मेरे पास बस एक रोटी है, पर उसमें आधी हक की है और आधी बे हक की।" भोज ने पूछा, "भला ऐसा कैसे?" वृद्धा ने कहा, "एक दिन मैं शाम के समय चरखा काट रही थी। अंधेरा हो चला था। इतने में रास्ते से गाने वालों की मंडली निकली। उन लोगों ने मशालें भी जला रखी थीं। मशालों की रोशनी में मैं चरखा कातती रही। मैंने उस रोशनी में आधी पूनी काती जबकि आधी पहले की थी। उस पूनी को बेचकर मैंने आटा खरीदा, फिर रोटी बनाई इसलिए आधी रोटी हक की

है और आधी बे हक की! इस आधी रोटी पर तो उस मंडली का हक है। भोज समझ गए कि कई बार हम जिसे अपना मानते हैं उस पर दूसरों का हक होता हैं। वे उस दिन से उस विद्वान के मुरीद बन गए।

62. कोई एक रास्ताः सत्यसेन बड़े प्रतापी एवं धर्मनिष्ठ राजा थे। उनका संकल्प था कि वह संसार के सर्वोच्च धार्मिक पंथ को ही स्वीकार करेंगे। इसके लिए उन्होंने अनेक धार्मिक नेताओं को बुलाया और उनसे मंत्रणा शुरू की। विभिन्न समुदायों एवं पंथों के नेता आते एवं अपने पंथ की सराहना और अन्य पंथ की आलोचना करते। यह देखकर राजा संशय में पड़ गए। वह एक प्रसिद्ध संत के पास गए और उन्हें अपनी समस्या बताई। सारी बात जानकर संत राजा को अपने साथ एक नदी पर ले गए और बोले, "मैं आपको सर्वोच्च पंथ का मार्ग बता सकता हूँ किंतु उसके लिए आपको नदी के पार चलना होगा।" राजा बोले, "इसमें कौन सी बड़ी बात है। नाव से कुछ ही क्षणों में हम नदी के पार पहुँच जाएँगे।" अनेक नावें नदी के पास आ लगीं। संत सभी नावों में कुछ न कुछ मीन–मेख निकाल देते। यह देखकर राजा कुछ देर तो चुप रहे फिर खीझ कर संत से बोले, "हमें किनारे पर ही तो जाना है उसके लिए सर्वश्रेष्ठ नाव चुनने की क्या आवश्यकता है। किसी भी ठीकठाक नाव को चुन लीजिए, वह हमें किनारे तक पहुॅचा ही देगी।" यह सुनकर संत बोले, "राजन्, यही तो मैं तुमको बताना चाहता हूँ कि माया के बने भवसागर को पार करने के लिए कोई भी पंथ पर्याप्त है। तुम जीवन के अमूल्य क्षणों को व्यर्थ क्यों खो रहे हो? किसी भी पंथ से आगे बढ़ो। छोटी–छोटी पगडंडियाँ भी महापथ तक पहुँचा देती हैं और एक मनुष्य अपना लक्ष्य पा जाता है।! संत की बात सुनकर राजा की आँखें खुल गईं।

63. माँ का प्यारः एक सौदागर राजा के महल में दो गायों को लेकर आया। दोनों ही स्वस्थ, सुंदर व दिखने में लगभग एक जैसी थीं। सौदागर ने राजा से कहा, "महाराज, ये गायें माँ–बेटी हैं। पर मुझे यह नहीं पता कि माँ कौन है व बेटी कौन, क्योंकि दोनों में खास अंतर नहीं है। मैंने अनेक जगह पर लोगों से यह पूछा किंतु कोई भी इन दोनों में माँ–बेटी की पहचान नहीं कर पाया। बाद में मुझे किसी ने यह कहा कि आपका

मंत्री बेहद कुशाग्र बुद्धि का है और यहाँ पर मुझे अवश्य मेरे प्रश्नों का उत्तर मिल जाएगा।

इसलिए मैं यहाँ पर चला आया। मेरी समस्या का समाधान किया जाए। सभी दरबारी मंत्री की ओर देखने लगे। मंत्री अपने स्थान से उठकर गायों की तरफ गया। उसने दोनों का बारीकी से निरीक्षण किया किंतु वह नहीं पहचान पाया कि वास्तव में कौन माँ है और कौन बेटी? अब मंत्री बड़ी दुविधा में फंस गया। उसने सौदागर से एक दिन की मोहलत माँगी। घर आने पर वह बेहद परेशान रहा। उसकी पत्नी इस बात को समझ गई। उसने जब कारण जानना चाहा तो उसने सौदागर की बात बता दी। पत्नी मुस्कराते हुए बोली, "अरे, इतनी सी बात है तो मैं भी बता सकती हूँ।" अगले दिन मंत्री पत्नी को वहाँ ले गया जहाँ गायें बंधी थीं। मंत्री की पत्नी ने दोनों गायों के आगे अच्छा भोजन रखा। कुछ ही देर बाद उसने माँ व बेटी में अंतर बता दिया, "पहली गाय जल्दी–जल्दी खाने के बाद दूसरी गाय के भोजन में मुँह मारने लगी और दूसरी वाली ने पहली वाली के लिए अपना भोजन छोड़ दिया। ऐसा केवल एक माँ ही कर सकती है। दूसरी वाली माँ है।" सभी मंत्री की पत्नी की प्रशंसा करने लगे।

64. होनहार उत्तराधिकारीः प्रतापगढ़ के राजा सुल्तान सिंह का राज्य बेहद विशाल था। राज्य में सब ओर सुख–शांति व खुशहाली थी। लेकिन कोई संतान न होने के कारण सुल्तान सिंह चिंतित रहते थे। प्रतापगढ़ का कोई उत्तराधिकारी नहीं है, यह सोचकर उनके शत्रु उनकी मृत्यु का इंतजार कर उनके राज्य पर कब्जा करने की सोच रहे थे। राजा ने अपनी यह चिंता विद्वान मंत्री कुशल सिंह को बताई। कुशल सिंह ने गुपचुप राज्य के उत्तराधिकारी की खोज शुरू कर दी। मंत्री ने समूचे की परीक्षा ली, जिनमें पाँच युवकों को सबसे योग्य पाया। उन्होंने बिना कुछ कहे इन पाँचों युवकों को एक–एक पत्र दिया और कहा कि इस पत्र को बिना पढ़े राजा सुल्तान सिंह को सौंपना है। इसमें आप पाँचों का बहुत गहरा राज छिपा है जो मैंने आपके बीच में रहकर जाना है। पत्र सौंपते ही पाँचों युवक राजा सुल्तान सिंह से मिलने चले। रात में वह एक धर्मशाला में रुके। सुबह उठने पर चार युवक वहाँ नहीं थे। केवल एक ही

बचा था। उसे समझ में नहीं आया कि बाकी चारों कहाँ चले गए। लेकिन उसे पहले अपना काम पूरा करना था। इसलिए वह राजा के पास पहुँचा और पत्र उन्हें थमा दिया। पत्र पढ़कर राजा ने युवक को बंदी बनाने को कहा। युवक परेशान हो उठा। तब राजा ने पत्र पढ़कर सुनाया जिसमें लिखा था कि यह युवक गद्दार है और इसे तुरंत फांसी की सजा दी जाए। वह युवक कुछ कहता इससे पहले मंत्री कुशल सिंह वहाँ पहुँच गए और उन्होंने घोषणा की, "महाराज, यही युवक प्रतापगढ़ का सही उत्तराधिकारी है। चारों युवकों ने बिना इजाजत के पत्र पढ़ा और सजा के डर से भाग गए किंतु यह युवक परीक्षा में खरा उतरा।" राजा सुल्तान सिंह को सारी बात समझ में आ गई। उन्होंने उस युवक को भावी उत्तराधिकारी घोषित कर दिया। इस प्रकार मंत्री की समझदारी से राज्य को एक होनहार उत्तराधिकारी मिल गया।

65. बच्चे की ईमानदारीः उन दिनों द्वितीय विश्व युद्ध चल रहा था। जर्मन सेना पोलैंड पर हमला कर चुकी थी। सेना के एक अधिकारी पोलैंड के एक सुदूर गाँव में बने अपने शिविर से कुछ सैनिकों के साथ घोड़ों के लिए चारा इकट्ठा करने निकले। अधिकारी ने गाँव के एक बच्चे को पकड़कर कहा, "चलकर बताओ कि यहाँ किस खेत में अच्छी फसल है?" बच्चा उनके साथ चल पड़ा। चारों ओर खेत लहलहा रहे थे। रागी की फसल बहुत शानदार दिखाई दे रही थी। सैनिक चाहते थे कि उन खेतों में से ही किसी एक की फसल काट लें, किंतु बच्चा बार–बार कहता था, कुछ और आगे चलिए, बहुत अच्छी फसल आप लोगों को बताऊंगा। सैनिकों को पोलैंड की सेना के जाल में फंस जाने की आशंका भी सता रही थी किंतु वे चलते रहे। धीरे–धीरे वह बच्चा सैनिकों को लगभग गाँव की सीमा पर स्थित खेतों पर ले गया। वहाँ उसने एक खेत बताया। सैनिकों ने उस खेत से फसल काटकर गट्ठर बांधे और घोड़ों पर रख लिए। सैनिक अधिकारी बड़ी ही नाराजगी से बच्चे से बोले, "तू हमें बेकार इतनी दूर ले आया। ऐसी फसल तो पास के खेतों में भी थी।" बच्चे ने कहा, "मैं जानता हूँ कि आप लोग खेत के स्वामी को फसल का मूल्य तो देने वाले हैं नहीं। तो फिर किसी दूसरे किसान का. नुकसान कैसे कराता। यह मेरा अपना खेत है और. मेरे लिए तो इसी की फसल सबसे अच्छी है।"

यह सुन अधिकारी ने लज्जित होकर उस बच्चे को फसल के मूल्य के साथ–साथ पुरस्कार देकर भी सम्मानित किया।

66. हंसी के सहारे हर मुश्किल का सामना किया जा सकता है।: दिल्ली के प्रसिद्ध सूफी संत निजामुद्दीन औलिया अपने भांजे सैय्यद नूह से बहुत प्रेम करते थे। नूह छोटी उम्र में ही सूफी मत का विद्वान बन गया था। हजरत निजामुद्दीन नूह को अपना उत्तराधिकारी बनाना चाहते थे, लेकिन नियति को कुछ और ही मंजूर था। नूह का आकस्मिक निधन हो गया। अपने प्रिय भांजे के देहांत से निजामुद्दीन औलिया को बड़ा आघात लगा और वे बेहद उदास व गुमसुम रहने लगे। अमीर खुसरो अपने प्रिय गुरू की इस अवसादग्रस्त स्थिति से बड़े दुःखी थे और हर क्षण इस कोशिश में रहते थे कि किसी तरह गुरु के चेहरे पर मुस्कान लौट आए।

वसंत का महीना था। खुसरो अपने कुछ सूफी साथियों के साथ सैर करने निकले। उन्होंने देखा कि प्राचीन कालका देवी के मंदिर परिसर के निकट कुछ श्रद्धालु पीले वस्त्र धारण कर ढोल–मंजीरे बजाकर मस्ती से नाच–गा रहे थे। उत्सुकतावश खुसरो ने मस्ती में डूबे लोगों से पूछा कि आप लोग क्या कर रहे हैं? एक व्यक्ति ने बताया कि आज वसंत पंचमी है। हम सब ज्ञान की अधिष्ठात्री को प्रसन्न करने के लिए उन पर सरसों के फूल चढ़ाने जा रहे हैं। तब खुसरो ने सोचा कि मेरे गुरु उदास हैं। उन्हें खुश करने के लिए मैं भी उन्हें सरसों के फूल अर्पित करूँगा। खुसरो ने सरसों के फूल मुकुट की तरह अपनी पगड़ी में सजा लिए, अपने पीर भाइयों व सूफी कव्वालों के साथ सज–संवर कर नाचते गाते हजरत निजामुद्दीन की खानकाह की ओर चल दिए वहाँ पहुँचकर खुसरो खूब नाचे–गाये और अपने साथियों के साथ ठहाके लगाकर हंसते रहे। खुसरो के नाचने–गाने और अपने साथियों के साथ खिलखिलाकर हंसने की मस्त अदा व विचित्र वेशभूषा देखकर निजामुद्दीन औलिया भी हंसने लगे और अवसादग्रस्त अवस्था से निजात पा गए। दरअसल, हास्य एक सार्वभौमिक भाषा की स्वाभाविक अभिव्यक्ति है। हंसता हुआ चेहरा देखकर हंसी आ ही जाती है क्योंकि हंसी संक्रामक होती है। हंसना एक सकारात्मक भाव है। जब हम किसी को खिलखिलाकर हंसते हुए देखते हैं तो हमारा

मष्तिष्क अनायास ही चेहरे की मांसपेशियों को हंसने के लिए विवश कर देता है। हंसना शारीरिक बीमारियों तथा मानसिक व्याधियों से निजात पाने का सर्वोत्तम उपाय है। ठहाके लगाने व खिलखिलाकर हंसने से छाती व पेट के मध्य स्थित डायफ्राम में स्पंदन होता है। हंसने से डायफ्राम की झिल्ली सक्रिय होने से पेट, फेफड़े व लीवर की स्वाभाविक मालिश होती है। हंसने से समस्त शरीर की कोशिकाओं में ऑक्सीजन का संचार होता है। ह्रदय की शिराओं में रक्त का परिसंचरण सुचारू ढंग से होने लगता है। ठहाके से महत्वपूर्ण रसायन एंडोर्फिन तथा सेरोटोनिन का पर्याप्त मात्रा में उत्सर्जन होता है। हंसने का बेशकीमती उपहार इस चराचर जगत में परमेश्वर ने केवल मनुष्य को ही दिया है।

67. क्षमा जीवन को सुगम बनाती और दुर्घटनाओं से बचाती हैः मोबाइल से अवांछित मैसेज तुरंत डिलीट कर दिए जाते हैं। जूतों पर लगी मिट्टी हमें पल भर भी नहीं सुहाती। भोजन करते समय प्लेट में रखी सामग्री वस्त्रों पर गिर जाती है तो हम तुरंत धब्बों को साफ कर देते हैं। तब फिर मन के पटल पर अंकित, उसे कलुषित करने वाले कितने ही विकारों को हम सारी उम्र लिए क्यों घूमते रहते हैं? क्यों नहीं उन्हें भी समय–समय पर प्रवाहित कर अपने अंतर को निर्मल कर लेते? वैसे भी विकार के जनक व्यवहार या प्रिय–अप्रिय वचन हमें सुख नहीं देते। वे तो केवल निमित्त मात्र बनते हैं हमारे अंदर भी वैसे ही विकार उत्पन्न करने के। कटु–वचन बोलने वाले, अभद्र व्यवहार करने वाले को उसी की भाषा में जवाब दे कर हम अपने को संस्कार–विहीन बना उसी के स्तर पर खड़ा कर देते हैं।

हम जो भोजन ग्रहण करते हैं, जो पानी पीते हैं, सांस भरकर जो हवा लेते हैं, यह सब कुछ तय वक्त में ही बाहर निकल जाना चाहिए, नहीं तो हमारी मृत्यु निश्चित है। ऐसे ही घृणा, गुस्सा, आदि नकारात्मक विचारों को समय रहते अपनी चेतना से बाहर नहीं निकालेंगे तो हम अवश्य ही मानसिक रोगी बन जाएँगे। तन–मन को स्वस्थ रखने का एक ही मार्ग है कि हम इन विकारों के प्रति क्षमा–भाव को वाणी के साथ–साथ व्यवहार से भी अभिव्यक्त करें। इससे हमारा अहंकार भी कम होगा और संभव है हमारी विनम्रता से प्रभावित होकर सामने वाले की मनोवृत्ति भी बदल

जाए। अक्सर लोगों की परेशानी सुनकर हम बड़ी सरलता से कह देते हैं– छोटी सी बात है, भूल जाओ। लेकिन इस बात को क्या हम कभी स्वयं भी चरितार्थ करते हैं? दिन भर के सारे अप्रिय प्रसंगों को सोने से पहले भुला देते हैं या उनके आक्रोश की अग्नि जलाकर खुद जलते रहते हैं?

अपराध–बोध न हो इसलिए हम अपनी भूलों को उचित ठहराने के विकल्प तलाशते रहते हैं। लेकिन यही अपराध–बोध अंतर की गहराई में कहीं गहरे बैठ हमारे दिन–प्रतिदिन के व्यवहार को विकृत कर देता है। आक्रोश और प्रतिशोध की नकारात्मक भावनाएं अपने साथ संजोए रखने पर वे हम पर ही घातक प्रभाव छोड़ती रहती हैं। उनसे मुक्ति का एकमात्र उपाय है– क्षमा कर देना।

क्षमा हमारी दिनचर्या को भी सुगम बनाती है, हमें दुर्घटनाओं से बचाती है। क्षमा का कोई एक दिन निश्चित नहीं, यह पल–पल हमारा सुरक्षा–कवच है। लाइन में अपनी बारी की प्रतीक्षा करना, बाएं चलने का नियम, लालबत्ती पर ठहरना, यह सब क्षमा के ही रूप हैं। आतंक और हिंसा में झुलसते मानव को क्षमा ही सुखद, सुगम एवं सरल जीवन–यापन का रास्ता दिखाती है। क्षमा का संदेश है – अभिमान की तुलना में संबंधों की कीमत ज्यादा है। मन से क्षमा करना और क्षमा–भाव के अनुरूप अपने व्यवहार को बदलना ही पूर्ण क्षमा है।

68. निराशा के भंवर में फंसे मन को शांति व सुकून देता है कर्मयोगः आज तक दुनिया में जो भी महत्वपूर्ण मानव कल्याण के कार्य हुए हैं, वैज्ञानिक शोध किए गए हैं, वे सब शांत, एकाग्र, धैर्यपूर्वक निरंतर किए गए प्रयोगों के फल हैं। जल्दबाजी में कोई भी महत्वपूर्ण कार्य आज तक नहीं हुआ। कहते हैं जल्दी का काम शैतान का। अतः जीवन में यदि कुछ महत्वपूर्ण प्राप्त करना है तो आराम से, तनाव रहित होकर ही पाया जा सकता है।

कई बार जब हमारा काम करने का दिल नहीं होता अथवा हम उस काम को करते हुए उत्साह नहीं दिखाते तो वह काम अत्यंत कठिन और बोरियत भरा लगता है। इच्छा न होने पर काम करते समय क्रोध व तनाव जैसे आवेग उसकी राह में अनेक बाधाएं खड़ी कर देते हैं। वहीं उत्साह,

प्रेम के भाव किसी काम को सहज और सरल बना देते हैं। अक्सर हम अपनी असफलता का कारण इधर–उधर खोजते हैं, जबकि असफलता का कारण हमारे स्वयं के ही अंदर छिपा होता है।

गीता में भगवान कृष्ण कर्मयोग की प्रेरणा देते हैं किंतु कर्मयोग में भी अंधी दौड़ के लिए कोई संदेश नहीं है। हमारी योग्यता, वातावरण और शक्ति के अनुसार हम जो अधिकतम पूर्ण गुणवत्ता के साथ कर सकें, वही करने की प्रेरणा गीता में दी है। गलाकाट प्रतियोगिता तो कामना और स्वार्थों के कारण होती है जिसका गीता में निषेध है।

भगवान कृष्ण गीता में अर्जुन से कहते हैं, इस कर्मयोग में निश्चय करने वाली और समाधान देने वाली बुद्धि एक ही है। अस्थिर विचार वाले मनुष्यों की बुद्धि कई तरह की शंकाएं पैदा करती है। अगर बुद्धि बिखरी और मन भटका है तो निश्चय की कमी होती है और छोटी–छोटी बातें तकलीफ देती रहती हैं। इसका मतलब है कि हम केवल कुछ पाने की इच्छा से ही कर्म कर रहे हैं। केवल फल की इच्छा में लगी बुद्धि विवेक को खा जाती है। विवेक हमारे मन के भीतर लगे एक तराजू की तरह काम करता है, जो गलत और सही का भेद बताता है।

आज आधुनिकता के नाम पर अंधी प्रतियोगिता हो रही है। किसी भी धर्म में इस प्रकार की प्रतियोगिताओं का समर्थन नहीं है। मनुस्मृति में कहा गया है, "सदाचारी, श्रद्धावान और ईर्ष्या रहित मनुष्य सौ वर्ष जीवित रहता है।" अन्य गुण कम हो या न भी हो, यदि व्यक्ति में सदाचार है तो वह भले ही प्रतियोगिता या अंधी दौड़ से बाहर रहेगा, लेकिन तनाव रहित रहेगा और उसके ही हृदय में परमशांति का निवास होगा। गीता निराशा के भंवर में फंसे संसार को सफलता और असफलता के प्रति समान भाव रखकर कार्य करने की प्रेरणा देती है। इसे ही कर्मयोग कहा गया है। रामायण में भी कहा गया है कि जो कर्म का विचार न कर केवल फल के लिए दौड़ता है, उसका फल मिलने पर भी वैसे ही व्यर्थता का अहसास देता है जैसी व्यर्थता ढाक का वृक्ष सींचने वाले को मिलती है।

69. प्यार की पुचकारः एक राजा घोड़ों का बड़ा शौकीन था। एक बार उसने एक व्यापारी से घोड़े मंगवाए। राजा ने अपने दोनों पुत्रों को

बुलवाया और कहा, "इनको दौड़ाकर गुण–दोष परखो।" वे लाखों के मूल्यवान घोड़े थे। राजा को श्रेष्ठ घोड़े खरीदने थे। राजकुमारों ने घोड़ों पर बैठकर कुछ दूर जाकर उन्हें जांचा। राजा ने राजकुमारों से पूछा, "बोलो, कैसे हैं ये? क्या हम इन्हें खरीद लें?" बड़ा राजकुमार बोला, बिल्कुल खराब घोड़े हैं। ये किसी काम के नहीं हैं। छोटे राजकुमार से पूछा गया तो वह कहने लगा, महाराज, बहुत बढ़िया घोड़े हैं। इन्हें बिना कुछ सोचे खरीद लीजिए। राजा के सामने दुविधा खड़ी हो गई। एक राजकुमार घोड़ों को अयोग्य कह रहा था, जबकि दूसरा राजकुमार उन्हें योग्य और उपयोगी बता रहा था। आखिर किसकी राय को महत्व दें। राजा ने छोटे राजकुमार से कहा, "बेटा, तुम्हारा भाई तो तुम्हारे विपरीत मत प्रकट कर रहा है। आखिर तुमने इनमें क्या अच्छाई देखी?" छोटे राजकुमार ने कहा, "महाराज, भैया की राय भी ठीक है और मैं जो कह रहा हूँ, वह भी ठीक है। वास्तव में भैया ने घोड़ों को अपनाया नहीं, बल्कि सीधे उन पर सवारी गांठनी चाही तो घोड़ों ने उन्हें गिरा दिया और मैंने पहले घोड़ों को प्यार दिया, फिर उन पर सवारी की इसलिए मेरे सामने कोई समस्या नहीं आईं। मुझे लगता है अपरिचित घोड़े पर सीधे सवारी नहीं करनी चाहिए, पहले उसे प्यार से पुचकारना चाहिए। इंसान हो या जानवर, सब प्यार के भूखे होते हैं।" यह सुनकर राजा ने छोटे राजकुमार को गले लगा लिया।

70. सोने जैसा जीवनः अर्जनगढ़ के राजा अर्जन सिंह कपिल मुनि के आश्रम में नियमित रूप से आते–जाते रहते थे। कपिल मुनि अत्यंत ज्ञानवान, विवेकशील और गुणवान थे। वह अपने पास आने वाले सभी व्यक्तियों की समस्याओं को सुलझाया करते थे। एक दिन राजा ने गौर किया कि एक निपट देहाती और अनपढ़ व्यक्ति कपिल मुनि के पास नियमित रूप से आता है और कपिल मुनि अत्यंत तन्मयता के साथ उससे बातें करते हैं। यहाँ तक कि उससे बातें करते समय कई बार वह राजा को भी अनदेखा कर देते हैं। एक अत्यंत साधारण व्यक्ति के साथ कपिल मुनि की आत्मीयता राजा को रास नहीं आई। वह उनसे बोले, "महाराज, मैं आपसे एक प्रश्न पूछना चाहता हूँ।" कपिल मुनि बोले,। 'पूछो वत्स, क्या जानना चाहते हो? राजा बोले, "आप अत्यंत ज्ञानी और अनुभवी हैं। आपके

पास बड़े–बड़े लोगों का आना जाना लगा रहता है। ऐसे में आपको शास्त्र ज्ञान से रहित साधारण और अनपढ़ लोगों में ऐसी क्या विशेषता नजर आती है कि आप उनके साथ बातें करते हुए सबको भूल जाते हैं।" इस पर कपिल मुनि बोले, तुम्हारे मुकुट पर सुंदर नक्काशी की गई है। यह मुकुट किस धातु का बना है?" राजा अचरज से बोले, "महाराज, यह मुकुट सोने का बना है।" मुनि बोले, "क्या सोना इसी रूप में खान से निकला होगा?" राजा बोले, "नहीं महाराज, सोना तो अत्यंत बदरंग स्थिति में होता है, उसे तपा कर, तराश कर खरा किया जाता है।" मुनि बोले, "बिल्कुल इसी तरह यह अनपंढ़ और देहाती व्यक्ति भी सोने की बदरंग अवस्था में है। मैं इसे तराश कर इस लायक बनाने का प्रयास कर रहा हूँ ताकि यह अपने कार्यों से तुम्हारे राज्य का मान और सम्मान बढ़ाए।" कपिल मुनि का जवाब सुनकर राजा दंग रह गए और उनके चरणों में सिर झुकाते हुए बोले, "महाराज, आपने मेरी आँखें खोल दीं। मुझ जैसे अनगढ़, बदरंग सोने को भी तपा कर आपने ही खरा सोना बनाया है।"

71. राजा का सपनाः एक ताकतवर और न्यायप्रिय राजा थे। उन्होंने कई युद्ध जीते थे लेकिन धीरे–धीरे रक्तपात से उनका मन भरने लगा था। वह चाहते थे कि लोगों को खुश रखें। उनके भीतर यह उलझन बनी रहती थी कि वह अपने खजाने की कितनी राशि सैन्य ताकत बढ़ाने पर खर्च करें और कितना प्रजा के कल्याण के लिए। एक रात उनके सपने में एक देवता प्रकट हुए और बोले, "राजन मैं तुम पर प्रसन्न हूँ। लो यह तलवार, यह तुम्हें विश्वविजयी बनाएगी।" राजा ने हाथ जोड़ते हुए कहा, "हे देव, – मैं आपकी इस कृपा के लिए आभारी हूँ। मगर इस तलवार का मैं क्या करूँगा? मुझे युद्ध से घृणा होती जा रही है।" तब देवता ने एक मणि हाथ में लेकर कहा, "यह नील मणि ले लो। इसके प्रभाव से तुम्हें अपार धन मिलेगा स्वयं भी सुख से रहना और अपनी प्रजा को भी सुखी रखना।" इस पर राजा बोले, "आप बड़े दयालु हैं। आपकी मुझ पर इतनी कृपा है। प्रजा से कर के रूप में जो धन मुझे प्राप्त होता है उससे मेरे राज्य का का कामकाज अच्छी तरह चल जाता है।" इस पर देवता बोले, "राजन, लगता है संसार की चीजों में तुम्हारी रुचि नहीं है, तुम मेरे साथ स्वर्ग चलो।" राजा ने उत्तर दिया, "स्वर्ग के सुख का भी मुझे क्या करना

है। मेरी प्यारी धरती ही स्वर्ग से क्या कम है?" देवता ने कहा, "ठीक है, मैं तुम्हें फूलों के कुछ बीज देता हूँ। जहाँ भी बिखेर दोगे वहाँ ऐसी सुगंध वाले फूल खिलेंगे कि उन्हें सूंघते ही शत्रु भी मित्र बन जाएँगे।" इस बार राजा के होठों पर मुस्कान आई। दोनों हाथ बढ़ा कर उन्होंने फूलों के बीज ले लिए और प्रसन्न होकर बोले, "सच में मुझे इन्हीं की आवश्यकता थी। प्रजाजन मिलजुल कर रहें, इससे बड़ी चीज और क्या हो सकती है।" राजा का स्वप्न टूट गया। उनकी सारी उलझन समाप्त हो गई। मानव कल्याण को उन्होंने अपना लक्ष्य बना लिया।

72. आज जो कुछ हम करेंगे वह सब कभी लौटकर आएगा हमारे पासः एक दिन विंस्टन चर्चिल एक पागलखाने में वहाँ की व्यवस्था देखने गए। वहाँ एक पागल कागज पर कुछ लिख रहा था। चर्चिल ने उससे पूछा, "क्या लिख रहे हो?" पागल थोड़ा गुस्से में बोला, "अंधे हो? देखते नहीं खत लिख रहा हूँ चर्चिल ने फिर पूछा, "किसे लिख रहे हो?" उसने कहा, अपने आप को लिख रहा हूँ।"

"क्या लिख रहे हो?" चर्चिल ने पूछा।

जवाब मिला, "अभी कैसे बता सकता हूं? लिखने के बाद डाक में डालूँगा। फिर जब यह मुझे मिलेगा तब पढ़ने के बाद पता–चलेगा कि खत में क्या लिखा है?" उस पागल की इस मासूम बात में जीवन का पूरा दर्शन छिपा हुआ है। हम आज जो कुछ भी कर रहे हैं, वह आज अभी नहीं, पर आखिर में जब लौट कर हमारे पास आएगा, तभी हम उसे पढ़ सकेंगे। और तभी हमें एहसास हो सकेगा कि हमने बीते जीवन में क्या कुछ किया? अच्छा काम किया या बुरा? अक्सर हम सभी अपने हाथों में अपनी जीवन रेखा देखते हैं। लेकिन हमारा जीवन रेखा के साथ एक वृत्त या सर्किल भी है। रेखा इसलिए कि उसका शुरू होने वाला छोर तो हमें दिखता है, लेकिन दूसरा छोर कहाँ है और कितना लंबा है, यह हम नहीं जानते। क्रिकेट में 99 रन बनाने के बाद अच्छे से अच्छा बेट्समैन भी निश्चित रूप से नहीं कह सकता कि वह सेंचुरी बना ही लेगा। इसी तरह हम सभी यह तो जानते हैं कि हमने अपनी आयु के इतने वर्ष जी लिए पर कितने चौके–छक्के अभी और लगाएंगे किसी को नहीं पता। हो सकता है अगली बॉल या पल पर ही 'कैच' कर लिए जाएँ।

हम अपने जीवन के प्रारंभ में जो कुछ भी अपने लिए, दूसरों के लिए या कहिए कि पूरी मानव जाति और प्रकृति के लिए करते है वह परिक्रमा करता हुआ अंत में सुख–दुःख के रूप में, हानि–लाभ के रूप में हमारे ही पास आता है। अंत में हम ही अपने उस लिखे को पढ़ते–भोगते हैं, जो हमने जीवन भर लिखा–किया होता है।

जब यह निश्चित है कि अपना लिखा कभी न कभी हमें ही पढ़ना होगा, वह सब हम तक ही लौट कर आएगा, तब हम प्रकृति की विवेकवान सर्वश्रेष्ठ रचना होकर भी अपने जीवन के उजले कागज पर दूसरों के लिए छल, कपट, अपमान, अनाचार क्यों लिखें, जो बाद में पढ़ते समय हमें कष्ट दे? ऐसी फसल क्यों बोयें जिसे काटते समय हमारे ही हाथ लहू –लुहान होने लगें।

सफर खत्म होने पर ट्रेन से उतरने में उस मुसाफिर को ही ज्यादा तकलीफ होती है, जिसके पास ज्यादा और अस्त–व्यस्त सामान होता है। इसलिए जीवन की भाषा और "कलेवर" को ऐसा सरल, स्वच्छ, व्यवस्थित और हल्का–फुल्का रखें कि उसका अंतिम पड़ाव भी अच्छा बन जाए।

73. गुलाब सा जीवनः जर्मनी में बालक विलहेम को उसकी माँ जब स्कूल ले जाती तो वह बहुत नखरे करता। स्कूल में भी वह शरारत करता रहता था। एक दिन स्कूल से लौटते हुए वह सड़क पर खेल रहे बच्चों को देखकर बोला–आप मुझे स्कूल क्यों भेजती हैं? ये बच्चे भी तो बिना स्कूल गए ही बड़े हो रहे हैं देखिए, ये कितने खुश हैं" विलहेम को माँ चुपचाप सुनती रही। उसने महसूस कर लिया कि विलहेम को उदाहरण सहित ही कोई चीज समझानी होगी। घर के बाहर उग आए झाड़ की ओर दिखाते हुए उसने कहा–"अच्छा बताओ बेटा, इन्हें किसने उगाया है? विलहेम बोला–माँ, ये तो खुद ही उग आते हैं। और ये ओस व बारिश के पानी से बढ़ भी जाते हैं। फिर माँ ने घर में लगे गुलाब के पौधों को दिखाते हुए पूछा–और अब बताओ, ये फूल कैसे लग रहे हैं?" विल ने जवाब दिया–माँ, इन्हें तो पिताजी रोज तराशते हैं और नियम से खाद–पानी भी देते हैं तभी इतने सुंदर लग रहे हैं। इस पर माँ बोली–ठीक कह रहे हो बेटा, ये फूल इसलिए ज्यादा सुंदर हैं क्योंकि इन्हें प्रयास करके

ऐसा बनाया गया है। जीवन भी ऐसा ही है। हमें अच्छा जीवन भी प्रयासों से ही मिलता है। इसके लिए अच्छी शिक्षा, बेहतर प्रशिक्षण और परिश्रम की जरूरत पड़ती है। तुम में और उन स्कूल न जाने वाले बच्चों में क्या फर्क है, यह तुम्हें आगे चलकर पता चलेगा। माँ की यह सीख विलहेम ने गांठ बाँध ली। आगे चलकर इन्हीं विलहेम ने एक्स–रे की खोज की और भौतिकी में नोबेल पुरस्कार प्राप्त किया।

74. जीत की तरह हार को भी हम सहज स्वीकार करना सीख लें: मनुष्य अपने स्वभाव के अनुसार जो भी कार्य करता है, यही सोचकर करता है कि वह उसमें अवश्य सफलता प्राप्त करेगा। जबकि सच यह है कि हम सभी हर क्षेत्र में दो विपरीत ध्रुवों के बीच जी रहे हैं। हम हमेशा ऊँचाई पर बैठे सफल व्यक्तियों को देखते हैं, लेकिन इस बात को नजरअंदाज कर देते हैं कि उस सफलता तक पहुँचने के लिए उन्होंने किस तरह परिश्रम किया और कितनी बार वे असफल हुए।

मनुष्य कोई लक्ष्य निर्धारित करे तो उस क्षेत्र में सफल व्यक्तियों की असफलताओं और उनके संघर्ष के बारे में भी जान ले। सभी को कार्य प्रारंभ करते ही सफलता नहीं मिल जाती। लेकिन कुछ को जरा सी भी असफलता तोड़ डालती है। ऐसे में अपने लक्ष्य के प्रति उनका उत्साह, परिश्रम और आशा क्षीण हो जाती है। असफल होने पर मनुष्य को यह चिंतन तथा विश्लेषण करना चाहिए कि मैं असफल क्यों हुआ? जो सफल हुआ है, उसका कार्य करने का ढंग, परिश्रम, लगन एवं उत्साह अवश्य श्रेष्ठ रहा होगा।

मकड़ी जाला बुनती है और किसी कीट को उसमें फंसाती है तो कई बार उसका जाला टूट जाता है। लेकिन वह अपना प्रयत्न रोक नहीं देती। चींटी जब पीठ पर बोझ लेकर चलती है तो बार–बार उसके गिरने पर भी हार नहीं मानती। जब ये छोटे–छोटे प्राणी असफलताओं से हार नहीं मानते तो मनुष्य असफलताओं के आगे घुटने टेक दे, यह शोभा नहीं देता।

असफलता एक ऐसी सीढ़ी है जो– सफलता के सर्वोत्तम पायदान पर ले जा सकती है, बशर्ते हम असफलता को नया मोड़ दे दें। भौतिक

सफलता की बात हो अथवा आध्यात्मिक सफलता की, दोनों में धैर्य और साहस से काम लेना चाहिए। हम जीत की तरह हार को भी सहज स्वीकार करना सीख जाएँ तो उन्नति का मार्ग स्वतः प्रशस्त होता जाएगा। असफल होने पर हम असहज हो जाते हैं। तब लक्ष्य के प्रति हमारी सोच नकारात्मक हो जाती है। यह ठीक नहीं। जिंदगी के हर पहलू को हमें सहजता से लेना चाहिए।

कई बार कम परिश्रम करने वाले को बहुत शीघ्र शुभ परिणाम मिल जाता है और अथक परिश्रम करने वाले को देर तक भी कम मिल पाता है। ऐसे में संयम से काम लें। जैसा भाव सफलता प्राप्त करने के लिए होता है, वैसा ही असफलता प्राप्त करने पर भी रहना चाहिए। आज सुख है तो कल दुःख भी होगा। अगर दिन में सूरज निकलता है तो रात में चाँद भी आएगा और एक दिन अमावस की रात भी होगी। क्या हम उसे आने से रोक सकेंगे? अमावस के बाद पूर्णिमा भी तो आएगी। जीवन के प्रति ऐसी सकारात्मक सोच बन जाए और मनुष्य सहजता से जीना सीख ले तो वह असफल होने पर भी निराश नहीं होगा।

75. जीवन का आनंद लेना है तो वातावरण अनुकूल बनाएंः हर इंसान की जीवन में चाह रहती है कि संसार में जो अच्छा है, वह सब उसे मिल जाए। एक को पा लेने में सफल हो जाने पर, अभी वह उसका सदुपयोग और सुख भोग नहीं पाता कि दूसरे की चाह में भटकने लगता है। यह सिलसिला जीवन भर इसी प्रकार चलता रहता है।

सांसारिक सुख मृगमरीचिका की भांति है, स्वर्ण–सा दिखाई तो देता है, लेकिन जिसमें वह सुख और आनंद खोज रहा है, वास्तव में वह सब वहाँ है नहीं। भूत के शौक, वर्तमान का मोह और भविष्य की चिंता छोड़ें। इन्हीं में डूबे रहेंगे तो वर्तमान के आनंद से भी वंचित होंगे। सुख की कामना करना दुःख को आमंत्रण देना है।

जैसे रात के बाद दिन और दिन के बाद रात का आना सृष्टि का एक चक्र बना हुआ है, उसी प्रकार सुख के बाद दुःख का आना भी तय है। यह बात समझ लेनी चाहिए कि सुख शरीर का और आनंद आत्मा का है। पैसे के बल पर सुख के साधन जुटाए जा सकते हैं, उन्हें भोगा जा सकता है।

लेकिन आनंद तुम्हारे अंदर है। वह है, उसे कहीं खोजना अथवा लाना नहीं है। उसे तो केवल प्रकट करना है। उसे व्यक्त करने के लिए शब्द अपर्याप्त हैं। वह अंदर ही अंदर महसूस किया जाता है। उसे पाने के लिए संसार में कहीं परिश्रम करने और भटकने की आवश्यकता नहीं है।

सुख दिखाई देता है पर वह स्थायी नहीं है। जिस प्रकार रात–दिन, धूप–छांव, सुबह–शाम है, उसी प्रकार से सुख–दुःख है। मन प्रफुल्लित रहे इसका प्रयास करना चाहिए। इसके लिए बहुत साधन जुटाने की आवश्यकता नहीं है। आप दरवाजों और खिड़कियों पर पर्दा लगा कमरे में बैठे हैं। अगर वहीं बैठे–बैठे बाहर का कुछ देखना चाहते हैं तो हर हाल में पर्दा हटाना पड़ेगा। इसी प्रकार यदि आनंद लेना चाहते हैं तो कहीं न भटकें और न अटकें। केवल सांसारिक वासना का पर्दा हटा दें। आनंद स्वतः फूट पड़ेगा। वह तो प्रतीक्षा कर रहा है। मार्ग में बाधा तो आपने स्वयं उत्पन्न की है। क्योंकि परमात्मा है ही आनंदस्वरूप। हम उसके अंश हैं। जिस दिन आप वासना का चश्मा उतार फेकेंगे आनंद के अलावा कुछ शेष रह ही नहीं जाएगा। प्रेम की निर्मल जल–धारा फूट पड़ेगी। उसे आप चाह कर भी कभी रोक नहीं पाएंगे। उसका एक लाभ यह होगा कि अपने–पराए का भेद एकदम मिट जाएगा।

जिस प्रकार से मिट्टी, जल, वायु, खाद और अनुकूल मौसम के संपर्क में आने पर बीज फूट पड़ता है, वही स्थिति आनंद की भी है। इसलिए जीवन का आनंद लेना है तो उसे प्रकट करने के लिए ऐसा वातावरण पैदा करें जो उसके लिए जरूरी है। ज्ञान, ध्यान और भक्ति आनंद प्राप्ति के साधन हैं। वैराग्य और अभ्यास से ही चंचल मन को जीता जा सकता है।

76 हडबड़ी में लिया कोई भी निर्णय अनिष्ट का कारण बन सकता है: जब हर संभव प्रयास के बाद भी सफलता नहीं मिलती या दुःख का निवारण नहीं होता, तब पार पाने का एक ही रास्ता है कि प्रतीक्षा की जाए। समय बीतने दिया जाए। उस ऊहापोह की स्थिति में कोई भी निर्णय लिया जाना अनिष्ट का कारण हो सकता है। समय बीतने पर संभव है हमें विपत्ति को सहन करने की शक्ति आ जाए अथवा सामने वाले के मन में ही कोई अच्छा भाव जन्म ले ले।

अक्सर ऐसी विषम स्थिति में हम जल्दबाजी में आ जाते हैं और बिना ऊंच–नीच का ध्यान रखे कोई निर्णय ले बैठते हैं जो स्थिति को और भी उलझा देता है। समझदारी इसी में है कि सब कुछ समय पर छोड़ दें। उतावले न हों। हम कितना ही उपक्रम करें लेकिन पहली दूसरी तारीख में पूर्णिमा का चाँद नहीं देख सकते। पतझड़ के मौसम में कोंपलों का अंकुरण, शाम की वेला में सूर्योदय के दर्शन नहीं हो सकते। इसके लिए हमें प्रतीक्षा करनी ही होगी। हमारे पास और कोई विकल्प है नहीं। पूनम का चाँद पूर्णिमा को ही दिखेगा। कोंपलें, फूल वसंत ऋतु में ही आएंगे। सूर्योदय सुबह ही होगा।

हमें दुःख के क्षण बड़े भारी और लंबे लगने लगते हैं। इसलिए नहीं कि हममें दुःखों को सहन करने की सामर्थ्य नहीं है, बस हममें समय को बीतने देने का धैर्य नहीं रहा। यही कारण है कि आज का युवा सब कुछ तुरंत पा लेना चाहता है। उससे इंतजार नहीं होता। उसमें समय बीतने देने की समझदारी नहीं रही है और निराश होने पर बहुधा वह आत्महत्या जैसे अविवेकी निष्कर्ष तक ले लेता है। हमें शरीर के दुःख को मन को नहीं छूने देना है और मन के दुःख में तन में शिथिलता नहीं लानी है। जीवन की ऊर्जा के प्रवाह के लिए एक दिशा की, समयबद्धता की आवश्यकता होती है। जल्दबाजी गें हगारी सोच अवरुद्ध होकर जड़ या दिग्भ्रमित हो जाती है।

कहते हैं कि सुख सरसों और दुःख सुमेरू के समान हैं और दुःख सहने की भी एक सीमा होती है। पर यह सच नहीं है। हमें ऐसा इसलिए लगता है, क्योंकि हम जीवन में चिरंतन सुख चाहते हैं। लेकिन इसमें छिपे रहस्य की संभावना को भूल जाते हैं। अगर सुख चिरंतन होगा तो दुःख भी तो वैसा ही होगा। सर्दियों में जीवनदायी लगने वाला सूर्य का ताप क्या गर्मी में भी उतना भाएगा? नींद से शरीर को फूर्ति में भरने वाली रात अगर लंबी होती जाए तो क्या हम पागल नहीं हो जाएँगे?

प्रकृति का क्रमिक परिवर्तन जीवन को संतुलन देता है। इसी प्रकार परिस्थितियाँ भी बदलती रहती हैं, और जो परिस्थितियाँ विपरीत लगती हैं, हमें उन्हें ही चलते जाने का रास्ता बना लेना चाहिए। रास्ता भले ही बीहड़ लगे, पर उसके खत्म होने पर मिलने वाली सफलता का आकर्षण अलग ही होता है।

77. गाँव के लोगः एक व्यक्ति किसी गाँव की तरफ जा रहा था। रास्ते में उसे एक वृद्ध मिला। राहगीर ने उस वृद्ध से पूछा– बाबा, मैं कुछ दिनों के लिए इस गाँव में रुकना चाहता हूँ। कृपया बताएं इस गाँव के लोग कैसे हैं? वृद्ध ने कहा– इससे पहले कि मैं तुम्हारे प्रश्न का उत्तर दूँ तुम मुझे बताओ कि किस गाँव से आए हो और तुम्हारे गाँव के लोग कैसे हैं? राहगीर ने कहा– बाबा, मैं जिस गाँव से आया हूँ वहाँ के लोग चालबाज, कपटी और दगाबाज हैं। जरूरत पड़ने पर किसी के काम नहीं आते। वृद्ध ने कहा– इस गाँव के लोग भी बिल्कुल वैसे ही हैं। इस पर राहगीर बोला– फिर तो मैं यहाँ नहीं रुक सकता। यह कहकर वह चला गया। कुछ दिन बाद दूसरा राहगीर आया – और उसने भी वृद्ध से वही प्रश्न पूछा कि इस गाँव के लोग कैसे हैं? वृद्ध ने उससे भी यही पूछा कि उसके गाँव वाले कैसे स्वभाव के हैं। दूसरे राहगीर ने कहा– मैं जिस गाँव से आया हूँ वह बहुत ही साफ –सुथरा और सुंदर है। वहाँ के लोग बड़े ही मिलनसार और समझदार हैं। इस पर वृद्ध ने कहा– भाई तुम एकदम सही जगह पर आए हो। यहाँ के लोग भी काफी अच्छे हैं। तुम यहाँ जब तक चाहो रह सकते हो। यह सब कुछ एक दुकानदार देख रहा था। उसने वृद्ध से पूछा–बाबा आपकी यह बात समझ में नहीं आई। पिछली बार जो आदमी आया था उसे तो आपने कुछ और कहा था लेकिन इसे तो आपने कुछ और ही कहा। ऐसा क्यों? वृद्ध ने कहा– पहला राहगीर चूंकि खुद बुरा था इसलिए उसे हर कोई बुरा नजर आ रहा था। लेकिन यह दूसरा व्यक्ति भला है इसलिए हर किसी को अच्छी नजरों से देखता है। ऐसा व्यक्ति गाँव में रहेगा तो दूसरों का भी भला करेगा। लेकिन वह पहला राहगीर गाँव में बुराई के सिवा और कुंछ नहीं फैलाता। दुकानदार वृद्ध की बातों से सहमत हो गया।

78. जरूरत से ज्यादा ईमानदारी ठीक नहींः चाणक्यः आज से करीब 2360 साल पहले पहले पैदा हुए चाणक्य भारतीय राजनीति और अर्थशास्त्र के पहले विचारक माने जाते हैं। पाटलिपुत्र (पटना) के शक्तिशाली नंद वंश को उखाड़ फेंकने और अपने शिष्य चंद्रगुप्त मौर्य को बतौर राजा स्थापित करने में चाणक्य का अहम योगदान रहा। ज्ञान के केंद्र तक्षशिला विश्वविद्यालय में आचार्य रहे चाणक्य राजनीति के चतुर खिलाड़ी थे और

इसी कारण उनकी नीति कोरे आदर्शवाद पर नहीं, बल्कि व्यावहारिक ज्ञान पर टिकी है। आगे दिए जा रहे कुछ उद्धरणों में भी चाणक्य नीति की इसी विशेषता के दर्शन होते हैंः–

- किसी भी व्यक्ति को जरूरत से ज्यादा ईमानदार नहीं होना चाहिए। सीधे तने वाले पेड़ ही सबसे पहले काटे जाते हैं और बहुत ज्यादा ईमानदार लोगों को ही सबसे ज्यादा कष्ट उठाने पढ़ते हैं।
- अगर कोई सांप जहरीला नहीं है, तब भी उसे फुंफकारना नहीं छोड़ना चाहिए। उसी तरह से कमजोर व्यक्ति को भी हर वक्त अपनी कमजोरी का प्रदर्शन नहीं करना चाहिए।
- सबसे बड़ा गुरुमंत्र कभी भी अपने रहस्यों को किसी के साथ साझा मत करो, यह प्रवृत्ति तुम्हें बर्बाद कर देगी।
- हर मित्रता के पीछे कुछ स्वार्थ जरूर छिपा होता है। दुनिया में ऐसी कोई दोस्ती नहीं है जिसके पीछे लोगों के अपने हित न छिपे हों, यह कटु सत्य है, लेकिन यह सत्य है।
- दिल में प्यार रखने वाले लोगों को दुःख ही झेलने पड़ते हैं। दिल में प्यार पनपने पर बहुत सुख महसूस होता है, मगर इस सुख के साथ एक डर भी अंदर ही अंदर पनपने लगता है खोने का डर, अधिकार कम होने का डर आदि–आदि। मगर दिल में प्यार पनपे नहीं, ऐसा तो हो नहीं सकता। तो प्यार पनपे मगर कुछ समझदारी के साथ। संक्षेप में कहें तो प्रीति में चालाकी रखने वाले ही अंततः सुखी रहते हैं।
- ऐसा पैसा जो बहुत तकलीफ के बाद मिले, अपना धर्म–ईमान छोड़ने पर मिले या दुश्मनों की चापलूसी से, उनकी सत्ता स्वीकारने से मिले, उसे स्वीकार नहीं करना चाहिए।
- नीच प्रवृति के लोग दूसरों के दिलों को चोट पहुँचाने वाली, उनके विश्वासों को छलनी करने वाली बातें करते हैं, दूसरों की बुराई कर खुश हो जाते हैं। मगर ऐसे लोग अपनी बड़ी–बड़ी और झूठी बातों के बुने जाल में खुद भी फंस जाते हैं। जिस

तरह से रेत के टीले को अपनी बांबी समझकर सांप घुस जाता है और दम घुटने से उसकी मौत हो जाती है, उसी तरह से ऐसे लोग भी अपनी बुराइयों के बोझ तले मर जाते हैं।

79. हर समस्या को हल कर सकता है प्यारः जाने–माने फकीर और संत साई बाबा ने अपने जीवनकाल में कई बड़े चमत्कार किए। भक्तों ने उन्हें सांई (साध्रात ईश्वर) नाम दिया और ईश्वर के अवतार के रूप में पूजना शुरू कर दिया। आज दुनिया भर में उनके लाखों भक्त हैं। बाबा प्यार, क्षमा, दान मदद, शांति और गुरु की भक्ति जैसे गुणों को जीवन में अपनाने की शिक्षा देते थे। उनके उपदेशों में हिंदुत्व और इस्लाम, दोनों की शिक्षाओं का समावेश था, जिससे समाज में सौहार्द कायम हुआ।

- कर्म की उपज विचारों से होती है, इसलिए ये विचार ही हैं, जो ज्यादा मायने रखते हैं।
- ध्यान रखें आपके आसपास की चीजें आपको गलत राह पर न ले जाएँ, क्योंकि यह दुनिया एक छलावा है, जिसमें गलत रास्ते और झूठे आदर्शों एवं विचारों की भरमार है।
- जिंदगी गाना है– इसे गाते रहो, जिंदगी खेल है– इसे खेलते चलो, जिंदगी चुनौती है– इसे स्वीकार करो, जिंदगी सपना है– इसे जानो, जिंदगी बलिदान है– इसे अर्पित करो, जिंदगी प्रेम है– इसका आनंद उठाओ।
- आसमान में मौजूद लाखों तारों को देखो, जो ईश्वर द्वारा बनाई गई कुदरत के हिस्से के रूप में एकता का संदेश दे रहे हैं।
- दूसरों को प्यार और मदद दीजिए, ताकि वे अपनी जिंदगी के बेहतरीन लेवल तक पहुँच सके। प्यार एक छूत की बीमारी की तरह है और हर समस्या का हल करने का माद्दा रखता है।
- इंसान अनुभवों से सीखता है और आध्यात्मिक पथ इंसान को विभिन्न तरह के अनुभव हासिल कराता है। ये अनुभव उसे शुद्ध और स्वच्छ बनाने में मदद करते हैं।

- जिंदगी के मायने वर्तमान में जीने से हैं। जिंदगी के इस लम्हे को जी भर के जी लो। आज के विचार और कर्म ही आपका भविष्य तय करेंगे।
- इंसान को कमल के फूल की तरह होना चाहिए, जो कीचड़ में पैदा होने के बाद भी बिना किसी मलाल के लहलहाता रहताहै।

80. अपनी समस्याओं का समाधान दूसरों से खोजने को क्यों कहें: छुट्टी का दिन था। पति पूरे दिन आराम करना चाहता था। पत्नी को उसने अपनी इच्छा बताई तो उसने कहा– "आप बच्चों के कमरे में विश्राम कर लीजिए।" वह बच्चों के कमरे में गया तो वे बोले– "आज तो हमारे फ्रेंड्स आने वाले हैं। आप ड्राइंग रूम में चले जाइए।" वहाँ पत्नी झाड़–पोछ कर रही थी। कारण पूछने पर पता चला कि मेहमान आने वाले हैं। पति बेचारा बेडरूम में गया। वहाँ पत्नी की सहेलियाँ जम कर बैठी हुई थीं। कहीं भी स्थान न मिलने पर वह दुछत्ती पर चला गया। वहाँ बिछौना लगाकर सो गया। कुछ ही समय बीता होगा कि वहाँ चूहों की भाग–दौड़ शुरू हो गई। विश्राम की बात वहीं छूट गई। अपने ही घर में इधर–उधर घूमते हुए वह परेशान हो गया।

हर मनुष्य इसी तरह की समस्याओं से घिरा है। वह समाधान खोजे और अपना पथ स्वयं प्रशस्त करे। एक कहावत है– "आप चीलों के साथ नहीं उड़ सकते, जब तक आप मुर्गियों के साथ घूम रहे हैं।" अगर हम जोखिम उठाने और अपने आपको विस्तृत करने से इनकार करते हैं तो समस्याओं से मुक्ति असंभव है। अक्सर मनुष्य अपनी समस्याओं का समाधान दूसरों से चाहता है। दूसरे लोग सहयोगी बन सकते हैं, उपाय सुझा सकते है, पर समाधान नहीं कर सकते। एक पौराणिक कहानी इस सच्चाई को प्रकट करती है।

एक मेंढक ने कठोर साधना शुरू की। यह देख भगवान प्रसन्न हुए और उसे दर्शन देकर कहा, वत्स! मैं तुम्हारी भक्ति से प्रसन्न हूँ। मैं तुम्हें वरदान देना चाहता हूँ। बोलो, तुम्हारी क्या माँग है? मेंढक बोला– "मेरे मन में कोई आकांक्षा नहीं है। प्रभु की भक्ति से मुझे जो सुख मिलता है, वह मेरे लिए सब कुछ है। लेकिन जब मैं आपकी भक्ति के लिए बैठता हूँ

एक चूहा इधर आता है। उसकी आवाज सुनकर ही मैं कांप जाता हूँ। उससे भक्ति में विघ्न होता है।

भगवान ने कहा– "मैं तुमको बिल्ली बना देता हूँ। फिर तुम निर्भय होकर रह सकोगे।" मेंढक बिल्ली बन गया। उसकी साधना और भक्ति का क्रम वैसे ही चल रहा था। फिर भगवान प्रसन्न हुए और भक्त से पूछा– "अब तुम्हारी क्या समस्या है?" मेंढक बोला– "एक कुत्ता आता है। वह भौंकता है, तब डर लगता है।" भगवान ने उसको शिकारी कुत्ता बना दिया। अब उस परिसर में चीता आने लगा। चीते का भय दूर करने के लिए उसे बबर शेर बना दिया। अब उसके सामने शिकारी की समस्या आ गई। मेंढक रोज– रोज के बदलाव से दुःखी हो गया। उसने सोचा–"दूसरों के सहारे कब तक जीता रहूंगा? यह जीवन भी तो समस्या से मुक्त नहीं है। मुझे अपने पुरुषार्थ पर. भरोसा करना चाहिए और अपनी स्थिति में संतुष्ट रहना चाहिए। यह सोचकर उसने भगवान से अनुरोध किया–"अब मैं और कुछ नहीं चाहता। मुझे पुनः मेंढक बना दीजिए।"

81. पहल करने वाले का जीवन सब के लिए प्रेरणादायक होता है: हाल में केतन मेहता की फिल्म ""मांझी–द माउंटेन मैन" चर्चा में है। इसमें दशरथ मांझी नाम के एक शख्स के बाइस साल के अथक परिश्रम का लेखा–जोखा पेश किया जा रहा है, जिसने अकेले दम पर भरे–पूरे पहाड़ को काटकर उसके बीच से रास्ता बना डाला। इससे उसके गाँव से नजदीकी कस्बे की दूरी सिमट कर एक चौथाई से भी कम रह गई। पहाड़ काटना सचमुच मुश्किल काम है। कोई मुश्किल काम हो, बहुत बड़ी चीज हो, लंबा सफर हो, लंबा समय हो, हम सभी की तुलना पहाड़ से करने लगते हैं। पहाड़ पर जाना और वहाँ पर रहना रोमांचक होते हुए भी अत्यंत दुष्कर होता है।

वैसे देखा जाए तो "पहाड़" शब्द कठिनाई का ही पर्यायवाची लगता है। तभी तो पहाड़ उठाना, पहाड़ टूट पड़ना, पहाड़ से टक्कर लेना, पहाड़ सा दिन, पहाड़ सी जिंदगी जैसे न जाने कितने मुहावरे बन गए। कितना मुश्किल होता होगा सचमुच का पहाड़ काटना? फरहाद ने तो शीरीं के लिए पहाड़ काटते हुए अपने प्राण ही दे दिए। इतिहास में ऐसे अनेक

प्रसंग मिलते हैं जहाँ प्रेमियों ने अपनी प्रेमिकाओं के लिए असंभव कार्य कर दिखलाए।

आम आदमी के दुःख–दर्द को समझकर उसे कम करने का प्रयास करने वाले दशरथ मांझी अपने क्षेत्र में अद्वितीय हैं। जब कोई व्यक्ति अधिक बीमार होता तो उसे सबसे नजदीकी अस्पताल वजीरगंज में ही ले जाया जाता, लेकिन अधिकांश लोग अस्पताल पहुँचने से पहले ही दम तोड़ देते। वहाँ पहुँचना आसान नहीं था। पहाड़ों की वजह से बहुत घूम–घामकर ही वहाँ जाया जा सकता था। यह देखकर दशरथ मांझी ने पहाड़ को काटने का संकल्प ले लिया। एक दिन सुबह सुबह छेनी हथोड़ा लेकर वह पहाड़ के पास जा पहुँचे और छेनी हथौड़ा चलाना शुरू कर दिया। लोग उन्हें अविश्वास से देखकर हंस रहे थे, उसका मजाक उड़ा रहे थे। बाईस साल की अथक मेहनत के बाद पहाड़ के सीने को चीरता हुआ एक रास्ता दूसरे गाँव तक निकल आया। गहलौर से वजीरगंज की दूरी जो पहले अस्सी किलोमीटर से भी अधिक थी, अब मात्र तेरह किलोमीटर रह गई थी। लोग खुश थे। जो लोग पहले दशरथ मांझी का मजाक उड़ाते थे, आज उनके सामने नतमस्तक खड़े थे।

जब भी कोई दुस्साहसी व्यक्ति असंभव–सा कोई काम अपने हाथ में लेता है, तो यही होता है। पहले लोग अविश्वास से देखते हैं, मजाक उड़ाते हैं। कुछ समय बाद लोग तटस्थ हो जाते हैं। यह तटस्थता शीघ्र ही प्रशंसा में बदल जाती है। लोगों का सहयोग मिलना प्रारंभ हो जाता है। पहल करने वाले का जीवन लोगों के लिए आदर्श और प्रेरणास्पद बन जाता है।